東京名建築

Architectural Masterpieces in Tokyo

さんぽ

著 大内田史郎
写真 傍島利浩

X-Knowledge

「名建築」と聞いて、どのような建物が思い浮かぶでしょうか?

華麗な装飾が施された様式的な建物、レトロな雰囲気を醸し出す建物、
ダイナミックな構造が外観や内観に現れている建物、シンプルながら明るく開放感
な建物など、「名建築」と一言で表しても、その魅力は非常に多様です。

本書は東京都内ならびに関東近辺に現存する「名建築」を対象として、
主に歴史・意匠・技術という3つの観点から紹介した
『東京建築遺産さんぽ』(2019年8月)の増補改訂版です。
増補にあたっては、昭和初期に建てられた造形的な建築から、
戦後のいわゆるモダニズム建築にいたるまで、新たに幅広く追加しました。
いずれも大事に活用されていて、
時代の経過とともに「名建築」も広がりを見せていることが分かります。

また、近年に改修や移築された建物の改訂(更新)を通しては、
生きた遺産としての「名建築」の価値も感じられるでしょう。

コロナ禍がもたらした社会活動の変化によって、
様々な活動がオンラインで行われるようになりました。
しかしながら、実際に訪れてみなければ建物の空間を味わうことはできません。

それでは「名建築」の魅力をご堪能ください。
そして、本書が「名建築」を訪れる機会につながれば幸いです。

大内田史郎

AD　　三木俊一

デザイン　廣田 萌（文京図案室）

印刷　　シナノ書籍印刷株式会社

＊本書は2019年8月にエクスナレッジより発刊した
「東京建築遺産さんぽ」を増補改訂したものです。
＊本書は2023年8月現在の情報に基づき、制作しています。
＊写真は現状と異なる場合があります。

西武池袋線

自由学園女子部食堂 — 30 ●

旧日立航空機株式会社変電所 — 24 ●　　　ガスミュージアム — 26 ●

西武新宿線

国分寺教会 — 20
中央線　　　●

国立天文台 — 8 ●

● 旧多摩聖蹟記念館 — 16

都市や文化の
発展に合わせて
東京の名建築は
生まれてきた。

旧小菅刑務所—100　　常磐線

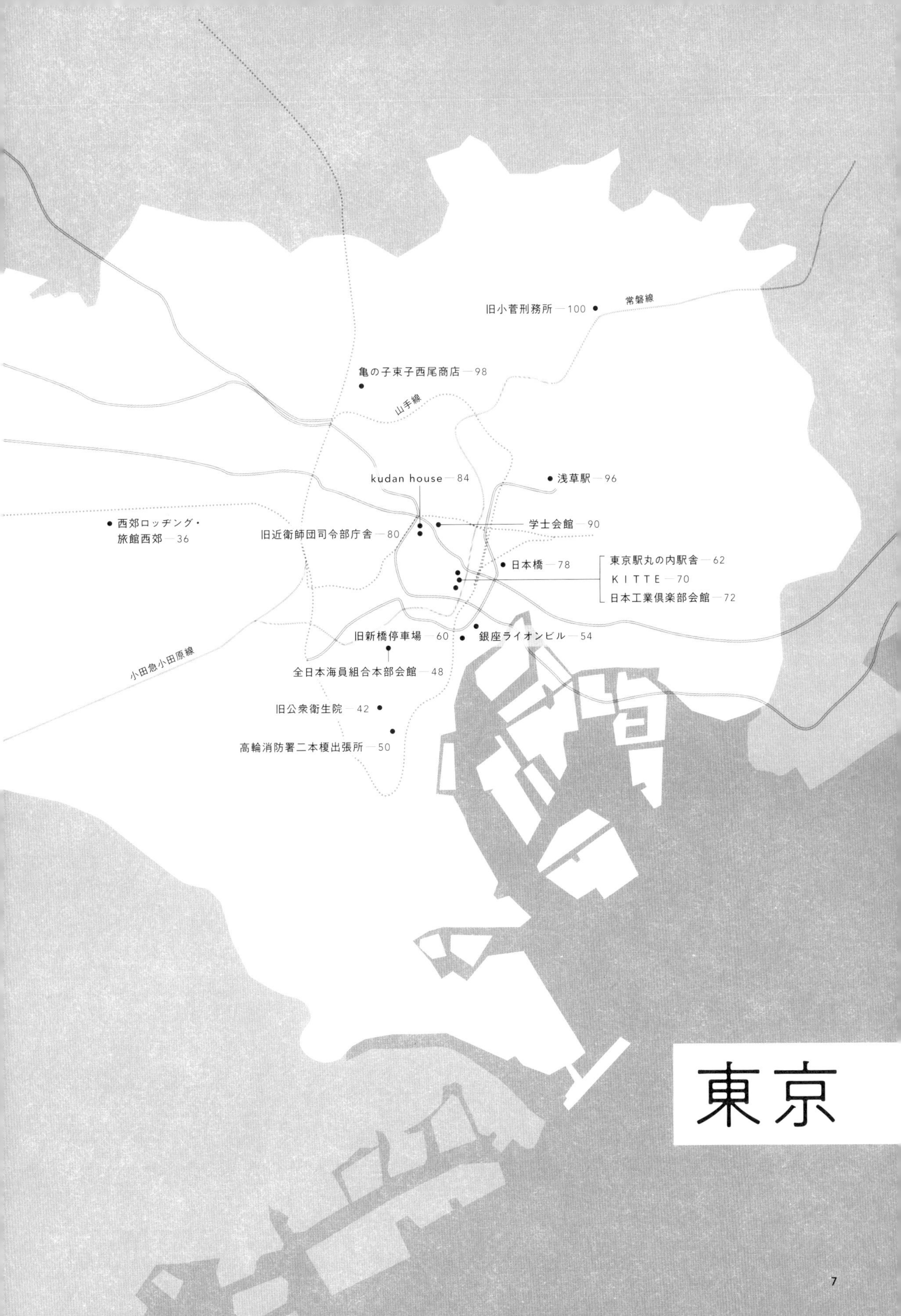

亀の子束子西尾商店—98

山手線

kudan house—84　　　●浅草駅—96

●西郊ロッヂング・　　　　　　　　学士会館—90
旅館西郊—36　　　旧近衛師団司令部庁舎—80

日本橋—78　┌東京駅丸の内駅舎—62
　　　　　　├ K I T T E—70
　　　　　　└日本工業倶楽部会館—72

旧新橋停車場—60　　銀座ライオンビル—54

全日本海員組合本部会館—48

旧公衆衛生院—42

小田急小田原線

高輪消防署二本榎出張所—50

東京

国立天文台

東京都三鷹市

究 極 の 機 能 美 を 実 現 し た 観 測 施 設 群

日本最大の屈折望遠鏡をもつ大赤道
儀室は、木製のドーム部分が造船所
の技師の支援を得てつくられた珍しい
建物。現在は天文台歴史館として一
般に公開されている

1

国立天文台の三鷹キャンパス構内にはおよそ30の施設があり、そのうちの大正から昭和初期に建てられた10棟の建物は、国の登録有形文化財に登録されています。1921年に竣工した第一赤道儀室は三鷹キャンパス内で最も古い観測用建物。鉄筋コンクリート造の構造体に開閉式の丸い屋根がのり、望遠鏡によって太陽黒点を観測するという用途をそのまま形にした機能美をもっています。そのほかにも観測という機能を生かした建物が敷地内に点在しています。ゴーチェ子午環室は天体の精密な位置観測ができる望遠鏡・ゴーチェ子午環のための施設です。大きな半円形ドームに台形屋根の入口を組み合わせた形が特徴的です。

1 第一赤道儀室。天体観測施設ならではのドーム屋根は、直径6m、高さ7.8m。観測時には手動で開閉する

2 第一赤道儀室のドーム内にある口径20㎝の望遠鏡はドイツのカールツァイス製。1938年からおよそ60年に渡り、太陽黒点のスケッチ観測に活躍した

3・4 ゴーチェ子午環室のドームの屋根は金属板葺きの鉄骨造。天体観測時にスライドして開く仕組みとなっており、屋根の開閉の機構が今もそのまま残されている

［東京］国立天文台

1930年に完成した太陽塔望遠鏡は、引っ掻き模様のあるスクラッチタイルの焼きむらを活かした地上5階、地下1階の建物です。天辺のドームから入った光を地下まで引き込み、地下にある大暗室で7色のスペクトルに分けられる構造となっており、建物全体が望遠鏡の役割を果たしています。全体は直線的な構成ですが、庇などの細部に曲線的なデザインを効果的に用いています。ベルリン市郊外にあるポツダム天体物理観測所（通称アインシュタイン塔）と同じ研究目的で建てられたことから「アインシュタイン塔」とも呼ばれています。

1 地下にある大暗室は柱のない大空間。用途上、窓がないため独特の雰囲気を漂わせているが、現在は暗室として使用されてはいない

2 地下1階から5階までをつなぐ階段室。最低限の機能に抑えたデザインながらも手摺や柱・梁などのディテールにこだわりを感じさせる

3 太陽塔望遠鏡と同じスクラッチタイルを使用した旧図書庫。建築されたのも同じ1930年（内部非公開）

4 建物正面に窓はないが、カーブを描くL字型の庇がアクセントとなり、洗練された印象をつくりだしている（内部非公開）

4

1926年に建てられた大赤道儀室は、直径14.5mの巨大な木製のドームを持つ2階建て鉄筋コンクリート造の建物です。当時の建設業者に半球形の大ドームをつくる技術がなかったため、造船技師が設計したと言われています。内部は木材が剥き出しになっており、船底の曲面のようです。2階部分の円形の床はエレベーター式の昇降床になっており、望遠鏡の傾きによって変わる観測位置に合わせて床の高さを調整する役割を持っていました。建物からの振動が望遠鏡に伝わるのを避けるために、望遠鏡は独立した基礎の上に建てられています。

1 建設に3年の歳月を費やした大赤道室。木製ドームの外部は、銅板で覆われている。ドームのすぐ下には「ロンバルディア帯」という小さなアーチを繰り返した模様が施されている。11世紀頃のイタリアのロマネスク建築で多く用いられていた装飾

2・3 守衛室（門衛所）と正門も国の登録有形文化財に登録されている。国立天文台の発展を支えてきた歴史的遺産

4 平屋建てのレプソルド子午儀室（子午儀資料館）は、建物外周の上部に当時流行した装飾が施されている。現在はさまざまな子午儀（子午線上を通過する天体を観測する装置）が展示されている

［東京］国立天文台

data

設計者 ——— 東京帝国大学営繕課ほか

用途 ——— 観測施設ほか

竣工年 ——— 1921〜1930年

所在地 ——— 東京都三鷹市大沢2-21-1

構造／階数—［第一赤道儀室］鉄筋コンクリート造／地上2階
　　　　　　［ゴーチェ子午環室］鉄筋コンクリート造／地上1階
　　　　　　［太陽塔望遠鏡］鉄筋コンクリート造／地上5階・地下1階
　　　　　　［旧図書庫］鉄筋コンクリート造／地上2階（一部地上3階）
　　　　　　［大赤道儀室］鉄筋コンクリート造／地上2階
　　　　　　［レプソルド子午儀室］鉄筋コンクリート造／地上1階
　　　　　　［守衛室］木造／地上1階

＊1998年〜2013年にかけて国の登録有形文化財に登録

1930
旧多摩聖蹟記念館

東京都多摩市

威厳溢れる近代洋風建築

中央ホールには8本の列柱に囲われた楕円の吹き抜けがあり、中央は明治天皇の騎馬像が据えられている。元宮内大臣の田中光顕が中心となって建設された

明治天皇の行幸を記念して建てられた記念館です。設計した関根要太郎と蔵田周忠は
20世紀初頭にヨーロッパで起こった様々な建築運動に関心を持っており、その影響が
基壇部の階段や外部にそびえ立つ12本の円柱、緩やかな弧をえがいた外壁等に顕著
に表れています。外部も内部も一貫した左右対称の楕円形の平面構成。明治天皇の騎
馬像が置かれた展示ホールを中心に、展示ギャラリー、テラス、列柱、階段が同心の楕
円状に配置され、緩やかな求心性を生み出しながらも、公園側に開放されたテラスは
訪れた人々を迎え入れる場所になっています。楕円平面の構成は日本の近代建築の中
でも珍しく、南多摩地域に唯一残る昭和初期の近代洋風建築としても貴重な財産です。

1 装飾を排除した淡いクリーム色の外壁に茶色の扉と縦長窓、スペイン瓦が映える

2 重厚感のある外観とは対照的に、白色の天井に光があふれる開放的な内部。展示ホールには、半円形のスカイライトから自然光が差し込むことで、明るさと開放感が生まれている

3 建物を裏側からみると、3つの楕円が重なったような外観。桜ヶ丘公園の豊かな自然環境の中、小高い丘の上に位置している

［東京］旧多摩聖蹟記念館

data

設計者 —— 関根要太郎、蔵田周忠

用途 —— 記念館

竣工年 —— 1930年

所在地 —— 東京都多摩市連光寺5-1-1（桜ヶ丘公園内）

構造／階数— 鉄筋コンクリート造／地上1階

＊1986年に多摩市指定有形文化財に指定。2021年度に
DOCOMOMO Japanにより「日本におけるモダン・ムーブメントの建築」に選定

武蔵野の高台に建つ教会

[東京] 国分寺教会

東側の側廊に面して設けられた大きな開口部から自然光を取り入れながらも、祭壇を中心とした左右対称の平面計画により礼拝堂に相応しい落ち着いた雰囲気を演出している

この教会は池辺陽の最初期の作品であり、現存が確認できる池辺の建築として最古のものです。元の教会が1947年に焼失し、池辺に設計が依頼されました。「武蔵野に続くような開かれた教会」という池辺のイメージを具現化した開放的な空間構成が特徴的。杉板張りに白色のペンキ塗りを施した素朴な外観に対して、北側と南側に縦長のスリット窓が開けられ、柔らかく差し込む太陽の光が船底天井を美しく照らします。建物四隅の壁を斜めに張り出すことで、平面と天井面ともに三角形の形状とし、合理的な安定した架構形式となっています。デザイン面でも無装飾で開放的な空間構成を持つモダンデザインの教会という点で貴重な事例であり、戦後間もない頃にキリスト教による社会運動が思想的な影響を与えたことを示す点でも貴重な建物です。

[東京] 国分寺教会

1 南側に広がる前庭は教会の存在感を和らげ、周辺の住宅街に溶け込んでいる

2 一部2階が設けられており、礼拝席となっている。両隅部分は三角形の吹抜けに

3 2階へ上がるための折り返しの階段。四隅が三角形となった平面のため建物にはいたるところに三角の形が表れる

4 「天使の梯子」をモチーフにした祭壇背後のスリットから差し込む光が船底天井を美しく照らす。桧板張りの天井は竣工当時のまま

5 格子状のガラス窓が設けられた東面は、深い庇が落ち着いた印象に

data

設計者 —— 池辺陽
用途 —— 教会
竣工年 —— 1951年
所在地 —— 東京都国分寺市本町1-6-2
構造／階数 — 木造／地上2階

＊2022年度にDOCOMOMO Japanにより
「日本におけるモダン・ムーブメントの建築」に選定

1938
旧日立航空機株式会社変電所
東京都東大和市

都市公園に佇む戦争の記憶

航空機のエンジンを製造していた旧日立航空機の立川工場の変電所として使われていた建物です。軍需工場として可動していた施設に電気を供給するという重要な役割を果たしていました。外壁に残る無数の穴は、太平洋戦争の最中にアメリカ軍の戦闘機による銃撃・爆撃でできたものです。終戦後もほとんど姿を変えずに変電所として使い続けられてきましたが、東大和南公園を整備するにあたり、1993年にその役目を終えました。その後、取り壊される可能性もありましたが、市民や元従業員の熱意が保存につながり、東大和市文化財（史跡）として指定され、末永く保存・公開するための修復工事が施されました。戦争の傷跡を残す建物は次々に取り壊されていくなかで、戦争の悲惨さや平和の尊さを訴える貴重な遺産です。

［東京］旧日立航空機株式会社変電所

1 モダニズムを彷彿とさせる箱型の建物。正面の出入口には1階の庇の役割も兼ねたシンボリックな階段が設置されている。爆撃を受けたそのままの状態で残っている建物は全国でも非常に少なく、貴重な遺産

2 内部の主要構造部は補修されている。戦争にまつわる展示室となっており、毎週水・日曜日に一般公開されている

data

設計者 —— 不明
用途 —— 変電所
竣工年 —— 1938年
所在地 —— 東京都東大和市桜が丘2丁目
構造／階数— 鉄筋コンクリート造／地上2階
＊1995年に東大和市文化財（史跡）に指定

1909、1912

ガスミュージアム（旧東京ガス本郷出張所・東京ガス千住工場計量器室）

東京都小平市

異 国 情 緒 漂 う ガ ス の 博 物 館

［東京］ガスミュージアム（旧東京ガス本郷出張所・東京ガス千住工場計量器室）

敷地の中心には「ガスライトガーデン」と呼ばれる広場があり、実際に使われていた17基のガス灯が点灯展示されいる。「ガス灯館」（写真左）は1966年に、「くらし館」（写真右）は1977年に、それぞれ移設復元された建物

GAS MUSEUM

1

明治期に建設された東京ガスの施設を移設復元してつくられた歴史博物館。敷地内には「東京ガス本郷出張所」だった「ガス灯館」と、「東京ガス千住工場計量器室」だった「くらし館」の2つの建物があり、それぞれガス機器の歴史や当時の人々の暮らしぶりが展示された資料館となっています。両館ともに赤レンガの外観ですが、「ガス灯館」は一般の目に触れやすいオフィスの建物であったことから、中央頂部のドーム状の塔屋やとっくり型の石柱など、営業拠点として華やかなデザインとなっています。一方、「くらし館」は当時の一般的な工場に類似する平屋建ての実用的な建物ですが、天井には鉄骨トラスの小屋組みが剥き出しになっており、当時の社章が残っているなど、歴史が感じられる建物です。

1 かつては東京ガス千住工場計量器室だった建物が移設復元された「くらし館」

2 2階展示スペースから鉄骨のトラスを見る。移設復元時に新しくなった部分もあるが、床のタイルやガス灯が使われた照明など当時の面影も感じられる（2019年撮影）

3 「くらし館」の西面のコーナーには、凹凸に組まれたデザインが見られる

4 「ガスライトガーデン」にあるガス灯は、明治期に使用されていたガス灯だけでなくドイツやフランスのガス灯なども集められ、現在も使用されている

data

設計者 —— 不明

用途 —— 博物館

竣工年 —— ［ガス灯館］1909年
［くらし館］1912年

所在地 —— 東京都小平市大沼町4-31-25

構造／階数 —［ガス灯館］煉瓦造／地上2階
［くらし館］煉瓦造／地上1階

1934
自由学園女子部食堂

東京都東久留米市

ライトのDNAを受け継ぐ木造校舎

建物の中心は吹抜けの大空間。それとは対照的に左右の空間は天井が低くなっている。この高さの変化が建物の陰影をつくりだしている

自由学園は1921年に羽仁吉一・もと子夫妻によって現在の豊島区西池袋に女学校として設立されました。フランク・ロイド・ライトと遠藤新によって設計された最初の校舎(現自由学園明日館)が手狭となり移転したのが、東久留米市に構える現在の南沢キャンパスです。遠藤新によって建てられた建物群は、ライトのもとで設計に携わった現自由学園明日館の設計思想を踏襲しています。食堂は女子部の校舎群の中心に位置しており、これはライトが最初の校舎を設計した際に「温かい家庭のような学校をつくりたい」という羽仁夫妻の思いをくんだ結果です。冷たいお弁当ではなく家庭のような手づくりの昼食を生徒みんなが一堂に会して食べることは、創立以来、この食堂で大切に受け継がれています。

1 屋根は銅板葺きの自由学園明日館とは異なり、瓦葺きで仕上げられている。瓦の持つ量感は、落ち着いた雰囲気や日本の木造建築の趣きを感じさせる

2 暖炉のある壁を挟んで大食堂と隣合う小食堂には、自由学園明日館と同様に六角形をモチーフにした椅子が並ぶ

3 屋根の形状に合わせた大きな窓が大食堂を明るく照らす。直線だけでデザインされた窓枠もライトのDNAが感じられる

4 建物の中央とは対照的に天井の低い左右の空間は中庭に面している。窓からは光と風が入り込み、中庭と内部空間とのつながりが感じられる

［東京］自由学園女子部食堂

遠藤新はキャンパスを計画する際、特に自然と建築との調和を重視しました。ライトの作風の特徴を取り入れて設計された校舎は、自然溢れる情景に馴染むことで、一段と美しさが引き立ちます。キャンパス内には東京都の指定有形文化財に指定された女子部エリア（食堂、講堂、体操館など）のほか、東京都の歴史的建造物に選定された初等部食堂、男子部体育館などがあります。

1 女子部体操館。水平に延びる建物の両翼には、教師室や委員室が配置されている

2 半円系が特徴の女子部体操館。外に向かって放射状に広がり、明るく開放感がある

3 各棟をつなぐ廊下。低く抑えられた天井や大谷石の階段や壁、漆喰の壁、木の装飾が施された柱など、ライトのデザイン様式が反映されている

4 教室棟とともに中庭を囲うように講堂（写真左）が建つ。廊下が各棟をつなぎ、一つの建物のように配置されている

5 初等部教室棟は屋根が瓦葺き、壁が木の板張りと和風の趣き。ライトが設計した旧帝国ホテルや自由学園明日館と同様に、柱の一部に大谷石を使っている

data

設計者 ——	遠藤 新
用途 ——	学校
竣工年 ——	1934年
所在地 ——	東京都東久留米市1-8-15
構造／階数 —	木造／地上2階

＊2019年度にDOCOMOMO Japanにより
「日本におけるモダン・ムーブメントの建築」に選定
2022年に東京都指定有形文化財に指定。

西郊ロッヂング・旅館西郊

東京都杉並区

懐かしさ漂う荻窪の昭和レトロ建築

［東京］西郊ロッヂング・旅館西郊

角地に対してL字に配置された新館はいつしか荻窪を代表する景観に。ベージュ色の外壁と銅板葺きのドーム屋根、右読みの看板がレトロな雰囲気を醸し出す

1 旅館西郊の入口。情緒ある和風のつくり

2 本館入口の玄関ホール。かつては床にベイマツを使用していたが、和風に改修した際にサクラの寄木細工に変更した

3 ロビーに設けられたマントルピースは洋風時代の名残り。かつては各部屋にもマントルピースがあったという

4 中庭を囲う形で各部屋は配置される。廊下は純和風に仕上げられ、波打ちガラス越しにみる中庭はなんとも言えない趣きが

1930年に施工した本館は、各部屋につくりつけのベッドやクローゼットを持つ、当時としては珍しい洋間の高級下宿として営業を開始しました。その後、1937年に青銅のドーム屋根が特徴的な新館が竣工。終戦後、1948年には本館を洋間から和室へ改修して「旅館西郊」が開業します。客室は畳敷きに変わり床の間も設けられ、さらには船底天井に変更されるなど、隅々に和風意匠のこだわりをうかがうことができます。一方でロビーに残されたマントルピース(暖炉まわりの飾り)や天井の梁型など、ところどころに創建時のデザインも残され、洋風のレトロな雰囲気が漂っています。2000年には外部のデザインはそのままに、新館が賃貸住宅へと改修されました。現在でも入居者が後を絶たない人気物件となっています。

［東京］西郊ロッヂング・旅館西郊

4

1 各宿泊部屋への入口は、部屋ごとに異なるデザインになっている。当時、中野を中心に活動し、この建物の改装を行った若林工務店の棟梁の粋な計らいだという

2 洋風時代から残る階段は今も現役

3 新館は2000年から西郊ロッヂングの面影をそのまま残して各室内を改修、設備補充したレトロなアパートメントに

4 建物は時代や客の要望に応じてさまざまな変化をしてきたといい、かつての洋間の下宿部屋は現在宴会場に改修されている

5 人気のある船底天井（中央が両端より高くなった、見上げると船底のように見える天井）の客室は、床の間や丸窓もあり、細かなところまで凝ったつくりになっている

昭和初期の荻窪は別荘地として知られていましたが、まだ建物も少なく閑散としていました。竣工当時、新宿よりも「さらに西の郊外」という意味から「西郊」という名前がつけられました。竣工から90年近く経ち、まわりの風景は変わったものの、当時の風情を残しながらも街に溶け込み、昭和の面影を現在に伝える貴重な旅館・集合住宅として、今も多くの人々に愛されています。

［東京］西郊ロッヂング・旅館西郊

data

設計者 ——	不明
用途 ——	［本館］旅館 ［新館］賃貸住宅
竣工年 ——	［本館］1930年 ［新館］1937年
所在地 ——	東京都杉並区荻窪3-38-9
構造／階数 —	木造／地上2階

＊2009年に国の登録有形文化財に登録

41

1938
旧公衆衛生院<small>（港区立郷土歴史館）</small>

東京都港区

内田ゴシックを後世に伝える

［東京］旧公衆衛生院（港区立郷土歴史館）

多彩なスクラッチタイルが魅力
的であり、ゴシック調の外観は
設計者の名前にちなんで「内田
ゴシック」と呼ばれる

国民の公衆衛生の向上と改善を目的として戦前に建てられた研究施設です。国立保健医療科学院の移転に伴い2002年以降は閉鎖されていましたが、2016年から2018年にかけて改修工事が行われ、現在は港区立郷土歴史館等複合施設「ゆかしの杜」として活用されています。連続するアーチや多彩なスクラッチタイルで覆われたゴシック調の外観は、設計者の内田祥三にちなんで「内田ゴシック」と呼ばれています。隣に位置する東京大学医科学研究所と対になって建設されました。

1 2階の中央ホールは2層吹き抜け。床は大理石、壁は研ぎ出し石、天井は漆喰のレリーフが施され、左右に分かれる階段が威厳あふれる空間を演出している

2 4階の中央ホール。2階と同様に吹き抜けになっているが、装飾性をなくしたシンプルなデザイン。照明のデザインも異なる

3 中央ホールの階段も左右対称となるように2つある。緩やかな曲線の手すりも美しい

4 3階の旧院長室。隣接する旧次長室とともに当時の姿が保存されている。壁は当時は高価な建材であったベニア材、床は寄木細工で高級感のあるつくりに

5 2階の旧図書閲覧室の前室にある受付窓口。梁のハンチをいかしたデザイン

建物内部の構成は、中央ホールのある2階と3階、講義を行う教室等があった4階と5階、学生が宿泊する寮があった6階と、大きく3つの用途に区分されていて、用途に合わせて床・壁・手摺等に異なるデザインや材料が用いられていました。改修にあたっては、空間の特徴やオリジナルの残存状況を踏まえて6段階の保存グレードが設定され、各室のグレードに基づいた保存・活用が行われ、オリジナルの状態を伝える部分も多く残されています。

4

1 建物の南側には内田ゴシックの特徴でもある通称「犬小屋」と呼ばれるポーチがある。頭頂部にある飾りは松ぼっくりを模ったもの

2 旧講堂の正面左右には、大正から昭和にかけて活躍した彫刻家・新海竹蔵の丸いレリーフ。ステージに向かって左は羊、右は葦鷺

3 340席ある旧講堂は、床や壁、造り付けの椅子と机もクッション以外は当時のまま、かつての情景がそのまま保存された空間となっている

4 階段状になった4階の旧講堂。一番高い位置にあるのが4階の入口で、3階の一部をつらぬく2層分の大きな空間。当時の姿がよく残されている

data

設計者 —— 内田祥三
［改修］日本設計、大成建設、
香山壽夫建築研究所、
JR東日本建築設計

用途 —— 研究施設（現在は複合施設）

竣工年 —— 1938年

所在地 —— 東京都港区白金台4-6-2

構造／階数 — 鉄骨鉄筋コンクリート造／
地上6階・地下1階・塔屋4階

＊2019年に港区指定文化財に指定

1964
全日本海員組合本部会館
東京都港区

地下に広がる大空間

全日本海員組合は、船員と海事関連産業で働く人達により組織された、日本で唯一の産業別労働組合。その本部ビルとして建てられたのがこの建物です。建設当時は敷地の高さ制限から全体の容積の約4割を地階に配置しました。それにより、オフィスビルらしからぬ変化に富んだ空間が展開しています。建物全体は、階段やエレベータ等を収めた2つのコアを、5階と地下3階において壁梁でつないだ大架構によって構成されています。一方で、各階の床は小梁を敷き並べたジョイントスラブを採用して、バルコニーの外周部分に配置された柱とともに小架構を構成。大架構と小架構を組み合わせることで全体の構造が成り立っています。この構造形式によって地下に無柱の大空間の会議室が実現しました。

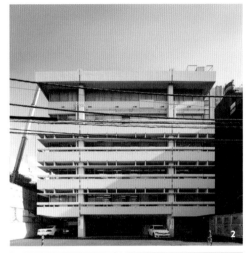

1 地下の会議室。壁面はHPシェルで構成されており、大空間を柔らかく包み込んでいる

2 バルコニー外周部の柱や床の小梁など、構造上の特徴が建物の表情として表れている。庇はプレキャスト・コンクリート製

3 執務室には当時まだ一般化していなかったパネルの可動間仕切りを採用

data

設計者 —— 大高正人
　　　　　［改修（2024年完成予定）］野沢正光設計工房
用途 —— 事務所
竣工年 —— 1964年
所在地 —— 東京都港区六本木7-15-26
構造／階数— 鉄筋コンクリート造／地上6階・地下3階

＊2016年度にDOCOMOMO Japanにより
「日本におけるモダン・ムーブメントの建築」に選定

［東京］全日本海員組合本部会館

1933

高輪消防署二本榎出張所

東京都港区

東京湾を見下ろす“灯台”と呼ばれた消防署

［東京］高輪消防署二本榎出張所

海抜25mの高い位置に建ち、竣工当時は望楼から東京湾を望むことができたため、「岸壁上の灯台」や「海原を行く軍艦」とも称されていた

昭和初期に建てられた貴重な現役の消防署です。1933年に内務省警視局消防本所の「第二消防署二本榎派出所」として現在の場所に建てられ、その後「高輪消防署」に昇格するなどしながら使われ続け、現在も出張所として活用されています。随所にあらわれる緩やかな曲線が美しい建物です。1,2階は交差点に沿うようにL字型に建物が配置され、3階に円形の講堂、さらにその上に望楼が設けられています。外観は全体がクリーム色の磁器タイルで覆われ、2階窓の上下に連続して取りつく飾りにより水平線が強調された姿が印象的です。内部は大理石を使った研ぎ出し仕上げの腰壁や、美しい曲線を描く階段、柱頭部や天井周囲に施されたモールディングと呼ばれる装飾などが調和して、レトロな雰囲気をつくりだしています。

1 1階エントランス。腰壁や階段の手すりは大理石とセメントを混ぜ合わせたものを研磨した「研ぎ出し仕上げ」と呼ばれるもの

2 3階の円形講堂は、8本の柱からそのまま延びた梁が天井の中心に集まる。独特のデザインが力強い印象を与えている

3 階段室。窓から入る光が腰壁と白い壁とのコントラストを際立たせている

4 望楼の頂部にある青い塔は1984年に現代に調和させることを目的に設けられた

data

設計者 ―― 越智 操（警視庁総監会計営繕係）
用途 ―― 消防署
竣工年 ―― 1933年
所在地 ―― 東京都港区高輪2-6-17
構造／階数― 鉄筋コンクリート造／
地上3階

＊2010年に東京都選定歴史的建造物に選定

銀座ライオンビル

東京都中央区

現存する日本最古のビヤホール

エントランスを入ると、正面にガラス
モザイクの大壁画が出迎える。創建当
時の姿がほとんど残された店内は、タ
イムスリップしたかのよう

現存する日本最古のビヤホールを持つこの建物は、1934年に当時の大日本麦酒株式会社の本社ビルとして建設されました。特に1階のビヤホールの空間は贅が尽くされ、多くの人から絶大な賞賛を集めました。銀座通りに面したエントランスはアーチ状の大きな開口部が設けられ、3階以上の壁面は横長窓が配置されており、現代のビルの要素も備わっています。ビヤホール内部の正面と側面の壁には、初めて日本人の手ですべてがつくられた大小12面のガラスモザイクによる壁画が取り付けられ、まるで教会のような雰囲気も感じられます。赤色のタイルが張られた壁面は「豊かな実りをはぐくむ大地」がイメージされ、一方緑色のタイルが張られた柱と幾何学模様の装飾が施された梁は「大麦」が表現されています。今もなお活気溢れるビヤホールとして使い続けられている銀座の貴重な歴史的建造物です。

1 内装のコンセプトは「豊穣と収穫」。正面の大壁画を含め、壁面には合計で12のガラスモザイクの壁画が飾られている。ガラス工芸家の大塚喜蔵によって制作された壁画には建築家・菅原栄蔵のこだわりと遊び心が詰め込まれている

2 壁と柱に使用されている鮮やかな赤と緑のタイルが空間を彩る。陶芸家の小森忍が制作したもの

3 柱上部の矢じりのような装飾は、ビールの原料である大麦をイメージしたもの

4 葡萄の房をイメージした照明。ホール中央の左右に連続する照明はビールの泡をイメージした水玉模様のデザインが施されるなど、細部にまでこだわった空間になっている

［東京］銀座ライオンビル

後世まで永く残るビヤホールにしたいという設計者の菅原栄蔵の想いから、絵画のように色褪せることがないガラスモザイクが採用されました。開口部が無い壁面に配置したモザイク画を窓に見立てることによって、開放感を演出しています。1階のビヤホールの天井には、耐久性や遮音性に優れた抗火石と呼ばれる新島産の軽石が用いられています。戦後まもなく進駐軍に接収されましたが、その際に暖をとるために屋内で焚火をしていたため、石貼りの天井が黒っぽくなったと言われています。

1 宴会場として使われている6階クラッシックホール。連続する三角形が特徴的な開口部。よく見ると歪んでいるのは、1945年の東京大空襲による爆風によるものと伝わる。歴史が刻まれた空間

2 1階は「ビヤホールライオン銀座七丁目店」として営業。ビヤホール伝統の味「ソーセージ6種盛合せ」や「ビヤホールの煮込み」とともに極上の空間で飲む生ビールは格別

3 1階ビヤホールとは印象が異なる6階クラッシックホール。柱と梁をつなぐブラケットはフランク・ロイド・ライトの影響が見られるが、市松模様のような凹凸のある天井は菅原の独自のデザイン

3

data

設計者 ——— 菅原栄蔵

用途 ——— ビヤホール

竣工年 ——— 1934年

所在地 ——— 東京都中央区銀座7-9-20

構造／階数 — 鉄筋コンクリート造／地上6階・地下1階

＊2022年に国の登録有形文化財に登録

2003(1872)

旧新橋停車場（鉄道歴史展示室）

東京都港区

日本鉄道発祥の地に開業当時の姿でよみがえった駅舎

日本最初の鉄道路線の起点として1872年に開業した旧新橋駅。関東大震災で焼失し、再建されないまま長い年月が経過しました。しかし建物のある汐留地区の埋蔵文化財調査が行われた際に、開業当時の駅舎の基礎やプラットホームの遺構が発見されます。そこで、この遺構を保存し、後世に伝えるため、開業時と同じ場所に駅舎が復元されることになりました。そうして2003年に開業当時の姿に復元され、鉄道の歴史や文化に触れることができる展示室となりました。もともとはお雇い外国人によって設計された建物。当時としてはまだ希少な様式的なデザインが用いられ、終点の横浜駅（現在の桜木町駅付近）にも同じ駅舎が建設されました。内部は性能が重視された現代的なデザインですが、外観は開業当時の姿を忠実に再現。明治時代の雰囲気を漂わせる憩いのスポットになっています。

1 駅舎の外観に使用した材料は当時の錦絵などを参考に復元された。開業当時の駅舎は木骨石張り、外壁の材には伊豆産の斑石が用いられていた

2 外には駅舎に続く石積みのプラットホームと線路も再現。線路の起点には鉄道発祥の地の証「0哩標識」も再現されている

3・4 1階展示室では、ガラス張りの床から開業当時の駅舎の基礎石や貴重な鉄道遺産が展示されている

data

設計者 ── 日本設計・ジェイアール東日本建築設計事務所JV
　　　　　（旧建物はリチャード・パーキンス・ブリジェンス）

用途 ── 駅舎（現在は展示室）

竣工年 ── 2003年（旧建物は1872年）

所在地 ── 東京都港区東新橋1-5-3

構造／階数 ── 鉄筋コンクリート造（一部鉄骨造）／地上2階

＊1965年に0哩標識が「旧新橋横浜間鉄道創設起点跡」として国の史跡に指定、その後段階的に駅舎・プラットホーム、高輪築提を含めて名称変更し、現在は「旧新橋停車場跡及び高輪築提跡」に

東京駅丸の内駅舎（東京ステーションホテル・東京ステーションギャラリー）

東京都千代田区

モニュメントとして再生された日本の中央駅

［東京］東京駅丸の内駅舎（東京ステーションホテル・東京ステーションギャラリー）

オリジナルの赤レンガが残っていた1・2階の部分は可能な限り保存しながら、外壁は化粧レンガ・花崗岩・擬石で、屋根は天然スレートと銅板で復原された

1

1914年に開業した東京駅は、関東大震災にも耐え、戦災で一部が焼失するまでの間、首都東京のシンボルとして雄姿を留めていました。戦後の復興工事によって、創建時の3階建てのドーム屋根は、2階建ての八角屋根に変わり、以来その姿で約60年に渡って親しまれてきましたが、2012年に創建当時の姿に甦りました。創建時の東京駅の外観は19世紀前期にイギリスで流行していた「クイーン・アン様式」と呼ばれるスタイルに近いデザイン。これは設計者の辰野金吾がイギリスへ留学していた影響によるものです。

ドームの内部には兜や剣、鳳凰など、日本的なモチーフが多く用いられています。八角形の角には十二支のうち八支が設置されています。西洋風の外観に対して内観には和の要素が取り入れられ、「日本の中央駅」を意識したことが感じられます。

[東京] 東京駅丸の内駅舎 (東京ステーションホテル・東京ステーションギャラリー)

1 ドームの見上げ(内部)にレリーフには「黄卵色」と呼ばれる鮮やかな色が塗られる。天井までは高さ約28mもあり、明るく開放的な空間

2 駅のコンコース空間は、復原されたドームの見上げ部分と調和する現代のデザイン

3 駅舎周辺の高層ビル群からは、さまざまな角度から丸の内駅舎を眺めることができる

4 戦災で被害を受けた創建時のドームのレリーフの一部は、アートワークとしてホテル2階のパサージュ前に飾られている

東京駅の誕生から約1年後に開業した東京ステーションホテル。2012年の保存・復原工事によって規模が拡大し、高級ホテルに生まれ変わりました。貴重な歴史的建造物として可能な限り保存・復原されましたが、それまで利用されていなかった屋根裏空間がゲストラウンジに変わるなど、時代にあわせて機能が充実しました。また、創建当初は建物を地面に埋めた1万本以上の松杭で支えていましたが、保存・復原工事では免震工法が採用され、将来にわたって安全性が確保されることとなりました。

1 保存・復原工事前は使われていなかった中央部の屋根裏空間は「アトリウム」と名づけられたゲストラウンジに生まれ変わった。東面のガラス屋根から柔らかな自然光が入る

2 駅舎中央の3階に配置されたスイートルームからは行幸通りを一望することができる

3 創建当初からの構造用レンガ壁が一部むきだしになっているバー「オーク」では、長い歴史の余韻に浸ることができる

4 全長が約330mの駅舎内にあるホテルは、長い客室廊下も特徴のひとつ

5 赤い化粧レンガと白い花崗岩・擬石の対比が印象的な外壁

［東京］東京駅丸の内駅舎（東京ステーションホテル・東京ステーションギャラリー）

67

丸の内北口まわりにある東京ステーションギャラリーは、創建以来の駅とホテルという機能に加えて、1988年に新たに設けられた施設です。駅の立地を活かしたさまざまな展覧会が30年以上に渡って催されてきました。2階展示室は創建当時から使われている赤レンガをそのまま見せた空間。東京駅ならではの美術館であることを実感できます。東京駅は歴史的建造物を現代の要求にあわせて進化しながら、駅・ホテル・ギャラリーとして、これからも使い続けられていくでしょう。

1 戦災によって炭化した木レンガも残る。木レンガは、内装の仕上げで釘が打てるようにレンガの代わりに使われた

2 館内ではレンガ壁内に埋め込まれた鉄骨や、レンガ片を骨材として使ったレンガ片コンクリートも見ることができる

3 八角形の階段室には、復原工事前の東京ステーションギャラリーで使われていたシャンデリアが設置されている

4 2階の展示室は創建時の構造用レンガが壁にそのまま使われている。レンガ表面のでこぼこの傷跡は、壁にモルタルを塗りやすくする目的で創建当時につけられたもの

［東京］東京駅丸の内駅舎（東京ステーションホテル・東京ステーションギャラリー）

data

設計者 —— 辰野金吾（辰野葛西事務所）、
　　　　　［保存・復原］東日本旅客鉄道・
　　　　　ジェイアール東日本建築設計事務所・JR東日本コンサルタンツJV

用途 —— 駅、ホテル、ギャラリー

竣工年 —— 1914年、［保存・復原］2012年

所在地 —— 東京都千代田区丸の内1-9-1

構造／階数 —— 鉄骨レンガ造／地上3階
　　　　　　　［保存・復原］鉄骨レンガ造、鉄筋コンクリート造／
　　　　　　　地上3階（一部4階）・地下2階

＊2003年に国の重要文化財に指定

1931
KITTE（旧東京中央郵便局）
東京都千代田区

東京中央郵便局から新旧が融合する商業施設へ

吉田鉄郎の設計により昭和初期に竣工した東京中央郵便局。その躯体の一部を保存・再生しながら建て替えられた超高層ビル「ＪＰタワー」の低層部に開業したのが商業施設「ＫＩＴＴＥ」です。東京駅の丸の内駅前広場に面するファサード（外壁）には白いタイルと黒いスチールサッシを使用。色や寸法が忠実に再現され、東京中央郵便局の面影が感じられます。三角形のアトリウム空間の内装デザインは隈研吾氏によるものです。三角形の一面に既存躯体を残した保存部、残り二面を新築部としています。新築部の手摺りに10㎜幅のミラーをランダムに配置し、保存部をガラスに映りこませることで、新築部との調和を図っています。また、6階の屋上庭園「ＫＩＴＴＥガーデン」は東京駅の景観が満喫できる格好のビュースポットとなっています。

1 保存部。5層吹き抜けの明るく開放的な大空間アトリウムの天井から、八角形の形状でステンレス製ボールチェーンが旧局舎の八角形の柱があった位置に吊るされている。太陽光や夜間の照明が反射し、光の柱として旧局舎を喚起させる

2 白いタイルの低層部（保存部）の上に現代的な高層部（新築部）がのるファサード。大部分のタイルは再現されたものだが、北側外壁の1階部分の一部に創建時のタイルが使用されている

3 4階には旧東京中央郵便局の局長室が再現されている

data

設計者 ―― ［旧局舎］吉田鉄郎
［改修］三菱地所設計
［改修時内装］隈 研吾

用途 ―― 郵便局（現在は商業施設）

竣工年 ―― ［旧局舎］1931年、［改修］2012年

所在地 ―― 東京都千代田区丸の内2-7-2

構造／階数 ― 鉄骨造・一部鉄骨鉄筋コンクリート造／地上6階・地下1階

＊旧東京中央郵便局は、1999年にDOCOMOMO Japanにより「日本におけるモダン・ムーブメントの建築」に選定

1920
日本工業倶楽部会館

東京都千代田区

財界人のための華やかな社交場

[東京] 日本工業倶楽部会館

重厚な外観。屋上には、男性はハンマー、女性は糸巻きを持つ小倉右一郎作の像があり、当時の二大工業であった石炭と紡績を示している

我が国の工業の発展を目的として1917年に創立された「日本工業倶楽部」。その会員である財界人達の交流の場として、1920年に建てられたのが日本工業倶楽部会館です。竣工してからわずか3年後には関東大震災が発生し、大きな被害を受けました。しかし、すぐに改修が行われ、元の姿に戻ると、その後長きに渡り多くの財界人に利用されてきました。21世紀になり老朽化や耐震性等の問題を解決するために保存・再現工事が行われました。2003年に完成した現在の建物は、創建時の西側部分の一部を保存しながら再現されたもの。三菱信託銀行ビルと一体化するように建てられています。会員制の倶楽部のため内部は非公開ですが、日本の歴史的な節目を見守って来た財界のシンボル的な存在です。

1 2003年に完成した保存・再現工事では、大会堂はほぼ
完全に創建当時の姿が再現された

2・3 重厚な外観に対して、内部はシャンデリアや動植物
を模した見事な装飾により華やかな空間となっている

［東京］日本工業倶楽部会館

エントランスには「ドリス式」と呼ばれる形式の柱、屋上には坑夫と織女の像と産業に関連する要素が
使われている一方で、外観全体としてはタイルとテラコッタを外装に用いて、建築された大正期に多
く見られる「セセッション（分離派）」様式と呼ばれる幾何学的な構成を意識したデザインとなっています。
現在は周囲の超高層ビルに囲まれていますが、財界の社交場としての威厳は今でも失われていません。

1 屋上の二体の像や正面入口の柱、石材などは建築当時の材料が使用されている

2 2階の広間は大会堂のホワイエの役割も果たしているスペース。ラウンジともつながっている

3 1階正面玄関から3階をつなぐ大階段は、照明にシャンデリアが使用され、内装材は一部を保存・活用しながら創建時のデザインが再現されている

4 当初は大食堂として使われていた3階にある大ホールも、2003年の保存・再現工事で創建当時の姿に戻された。アーチ状の天井が美しい落ち着いた空間

4

［東京］日本工業倶楽部会館

data

設計者 ―― 横河工務所（横河民輔、松井貴太郎）

用途 ―― 集会所

竣工年 ―― 1920年（2003年に保存・再現工事が完成）

所在地 ―― 東京都千代田区丸の内1-4-6

構造／階数 ―― 鉄筋コンクリート造・一部鉄骨造／地上5階

1911
日本橋

東京都中央区

日本全国の道路の起点に立つ麒麟

1

日本橋川に架かる国道の橋で、日本国道路元標がある道路網の始点です。現在の橋は19代目か20代目にあたるとされ、これまで木造だった以前の橋にかわって、東京にふさわしい新たな石造の橋として1911年に完成しました。完成後に路面電車を通すことが決まっていたため、路面はわずかにアーチを描いています。橋脚と橋台には山口県産の名石、側面には真壁石、アーチ部分と道路の表面には稲田石がそれぞれ使われています。全体的には西洋風のデザインですが、麒麟と獅子の青銅像、一里塚を表す松や榎木を取り入れた柱の模様など、装飾は日本的なモチーフを加えたデザインです。橋の四隅に設けられた、奈良県手向山八幡宮の狛犬やヨーロッパのライオン像などを参考にした獅子像が手にしているのは、東京市の紋章です。

1 日本の道路の起点となる「日本橋から飛び立つ」というイメージから、麒麟像には翼がつけられている

2 現在は、日本橋川の上空に架かる首都高速道路を地下化して、日本橋川周辺の景観や環境の改善を図る事業が進められている。

3 小燈柱。彫刻のデザインの指示は、建築家の妻木頼黄によるもの

4 アーチの要石（キーストーン）。橋そのものの様式はルネッサンス式とされている

data

設計者 —— 米本晋一、妻木頼黄（装飾顧問）
用途 —— 橋
竣工年 —— 1911年
所在地 —— 東京都中央区日本橋1丁目
構造 —— 石造

＊1999年に国の重要文化財に指定

旧近衛師団司令部庁舎（東京国立近代美術館分室）

東京都千代田区

威厳と風格をもって佇む明治レンガ建築の名作

［東京］旧近衛師団司令部庁舎（東京国立近代美術館分室）

1973年から行われた保存・改修工事では、レンガ壁は外装材として残し、内側に新たに鉄筋コンクリート造の構造体を設けた。屋根も建設当初の天然スレート葺きで復原された

陸軍の技師であった田村鎮の設計により1910年に建てられた旧陸軍の近衛師団司令部庁舎を保存・活用した建物です。両脇の建物が張り出した左右対称の構成。中央にはゴシック様式的な尖塔アーチ(アーチの頂点が尖った形式)のエントランスが配置され、さらに頂部には八角形の特徴的な尖塔が設けられるなど、明治期のレンガ建築の特徴がよくあらわれています。北の丸公園の森のなかに突如として現れる姿は、ほかの建築には見られないレンガ造ならではの風格と美しさを備えています。1977年より東京国立近代美術館工芸館として、主に近現代の工芸作品を展示していましたが、国立工芸館として石川県に移転したことに伴い2020年に閉館。現在、一般公開はしておらず、東京国立近代美術館分室として運用されています。

1 内部の多くが美術館という用途にあわせて改修されたが、玄関・階段ホールは竣工当時の姿が残された。2階の階段ホールには、柱頭に渦巻き型の装飾がつくイオニア式の柱が保存されている

2 エントランスホールでは目の前に木製の重厚な階段が出迎える

3 ゴシック様式的な尖塔アーチがかかる建物正面

4 細部にまで凝ったデザインが見られる。建物の足元にある通気口には、星の形が施された鉄枠がはめ込まれている

［東京］旧近衛師団司令部庁舎（東京国立近代美術館分室）

data

設計者 ——— 田村 鎮

用途 ——— 美術館分室（旧軍事施設）

竣工年 ——— 1910年

所在地 ——— 東京都千代田区北の丸公園1-1

構造／階数 — レンガ造／地上2階

＊1972年に国の重要文化財に指定

83

1927

kudan house（旧山口萬吉邸）

東京都千代田区

スパニッシュ様式の旧邸宅

九段にひっそりと佇む秀麗な旧邸宅。曲線を
多用した階段ホール（広間）は竣工当時と変
わらず。唐草模様の手摺子と大理石を用い
た手摺はスパニッシュ様式の特徴でもある

エレガントなデザインが施された工芸のような旧邸宅。小間物商で財を成した山口萬吉の私邸として建設された住宅です。スパニッシュ瓦・スタッコ壁・アーチなど、建設当時に流行していたスパニッシュ様式の特徴が随所に用いられ、重厚な洋風の外観に対して、繊細なインテリアや家具が対比しながらも絶妙に調和しているのが非常に魅力的です。設計に着手した時期が関東大震災から間もなかったことから、建物は耐震性能や耐火性能も重視されており、壁式鉄筋コンクリート造の建築としても先駆けでした。

[東京] kudan house（旧山口萬吉邸）

1 応接室として使われていた部屋。明治生命館の家具も手掛けた梶田恵によるデザインの照明や家具などの調度品が随所に残る

2 市松模様の床が特徴的な玄関。床と壁ともに大理石を使っている

3 2階から1階広間を見下ろす。広間には噴水が設置されている。邸宅には女中などが使用する裏の階段もある

4 1階の居間として使用されていた部屋からはポーチ越しに庭の緑が見える

5 半屋外の空間となった1階ポーチ（スクリーンポーチ）。南側にある美しい庭園と内部を緩やかにつなぐ

6 100年近くもの時を重ねてきたモダンな邸宅と緑豊かな庭が調和した、歴史と自然が感じられる佇まい

構造設計を担当したのは東京タワーなどの設計でも知られる内藤多仲。意匠は木子七郎、今井兼次が行いました。戦後のＧＨＱによる接収を経て、邸宅として使い続けられてきましたが、2018年にコンバージョンされ、現在は会員制のビジネスイノベーション拠点「kudan house」として、ビジネスサロンの開催や会員企業の研修会、ミーティングなどに活用されています。外観と内観の復原をベースとした文化財として価値の向上に加え、イノベーションの拠点となるシェアオフィスという新たな用途に合わせて機能性や快適性を高めることによって、次世代への継承が生まれています。

1 庭に面する窓は網戸で仕切られ、開放的な2階のテラス。窓下に設置された換気口は中から見ると凸型だが、外から見ると十字型になっている

2 建設当時流行したスパニッシュ様式と、和室や茶室、各部屋とつながる庭園などの日本的な要素が共存している

3 2階テラスに面する旧寝室。家具や建具の装飾にも強いこだわりを持っていた山口萬吉のためにデザインされた繊細で工芸的な家具が並ぶ

4 白いタイルで統一された浴室も洋風の装い

5 アプローチ側の外観。終戦後、GHQに接収され、約20年他人の手に渡り、1963年に山口家のもとに戻った旧邸宅。周囲の建物が高度利用化する中、激動の時代を乗り越え、コンバージョンによりほぼ建築当時の姿を残した

[東京] kudan house（旧山口萬吉邸）

data

設計者 —— 内藤多仲、木子七郎、今井兼次

用途 ——— 住宅（現在はビジネスイノベーション拠点）

竣工年 —— 1927年

所在地 —— 東京都千代田区九段北1-15-9

構造／階数—壁式鉄筋コンクリート造／地上3階・地下1階

＊2018年に国の登録有形文化財に登録

1928、1937
学士会館

東京都千代田区

"東京大学発祥の地"に建つ大学倶楽部建築

［東京］学士会館

1階のコンクリートブロック仕上げと、
2階より上のスクラッチタイルの対比
による重厚かつモダンなデザイン

1 ロマネスク風のアーチをくぐると201号室のロビーに。高い位置まで張られた羽目板などが格式の高さを示す

2·3 フランス料理「レストラン ラタン（2023年8月営業終了）」。部屋の中央にはマントルピース（壁につくりつけた装飾的な暖炉）が鎮座する

4 宴会場として使用される201号室。1928年の建築当時の姿を比較的よく残す。アカンサスの葉をモチーフにした装飾やシャンデリアなど、外観とは対照的に豪華な内装

宴会場やレストラン、宿泊施設などの用途で使われる日本最古の部類に属する大学倶楽部建築です。帝国大学の同窓会として1886年に設立した「学士会」により、親睦と知識交流を目的に建てられました。1928年に、当時流行していた縦方向に櫛で引っかいたような細い溝のあるスクラッチタイルを多用した4階建ての旧館が竣工。1937年に旧館との対比と調和を目指した5階建ての新館が竣工しました。旧館の外壁はスクラッチタイルですが、1階のみコンクリートブロック仕上げとなっていること、また上の階になればなるほど窓が小さくなっていることから、画一的ではないファサード(外観)を意図していると考えられます。かつては学士会員のための施設でしたが、現在は一部を除き一般の利用も可能です。

［東京］学士会館

4

2

3

四角形の窓やスクラッチタイルが多用されるな
ど、直線の要素が多い一方で、玄関の半円形の
大アーチや4階部分の窓や建物のコーナーに
曲線が使われていることから、直線を多用する
デザイン「アール・デコ」様式と、優美な曲線を
多用するデザイン「アール・ヌーヴォー」様式の
両立を目指していたように感じられます。重厚
な雰囲気でありながらも斬新な倶楽部建築と
して、長年多くの会員たちに親しまれています。

［東京］学士会館

1 旧館正面玄関ホール。大理石の階段側壁、松笠などの植物を
モチーフにした縁飾り（モールディング）などにより気品あふれる
空間に

2 旧館正面玄関の扉を開くと階段広間が現れる。人造石を鋲で
留めたようなデザインが特徴の十二角形の柱が空間を取り囲む

3 玄関の扉には、建築当時の姿を留める美しい真鍮製の取っ手
が使用されている

4 上の階に行くほど小さくなっていく窓

5 半円アーチを用いた玄関は、「英知」を象徴するオリーブの木
がモチーフとして使われている

data

設計者 ——— ［旧館］佐野利器・高橋貞太郎
　　　　　　 ［新館］藤村朗

用途 ——— 集宴会場・婚礼会場・飲食施設・宿泊施設

竣工年 ——— ［旧館］1928年
　　　　　　 ［新館］1937年

所在地 ——— 東京都千代田区神田錦町3-28

構造／階数— ［旧館］鉄筋鉄骨コンクリート造／地上4階
　　　　　　 ［新館］鉄筋鉄骨コンクリート造／地上5階

＊ 2003年に国の登録有形文化財に登録

浅草駅

東京都台東区

百貨店と駅が併設する関東ではじめての駅舎

1931年、昭和初期に竣工した百貨店と駅舎の機能をもつ建物。当初は3階から7階までが百貨店として開業し、その後、1934年には1階の一部と2階も百貨店となりました。開業当時は昭和初期を代表する幾何学的デザインの大規模建築の1つとして、ショッピングをする人や駅の利用者など、多くの人に親しまれました。しかし、1974年にアルミ製の外装材が外壁に取りつけられるなど、その見た目は開業当時のものではなくなってしまいました。それからおよそ40年後、東京スカイツリーの開業にともなって、駅舎も開業当時の姿に復原される大規模なリニューアル工事が行われました。2012年に外観の復原が完成し、かつてシンボルだった大時計も復活。建物内部もリニューアルオープンし、百貨店は規模を縮小して営業を続けています。内部にはカーブを描く階段の手摺が当時のまま残され、開業当初の面影を偲ぶことができます。

2

1 柱の間に整然と窓が並ぶ古典的なスタイルの外観。2階の駅の部分に半円アーチ形の大窓が連続して並ぶのが特色。電車は隣接する隅田川に架かる鉄橋を渡って、曲がりながら高架を通って駅へ入っていく。列車が発着していく様子は、都市的な風景として印象に残る

2 はじめて利用する人でも迷うことがないように、交差点のコーナーの建物出入口から駅のホームまで、一直線になった明快な構成

data

設計者 —— 久野 節（久野建築事務所）

用途 —— 駅、百貨店

竣工年 —— 1931年

所在地 —— 東京都台東区花川戸1-4-1

構造／階数 — 鉄骨鉄筋コンクリート造／地上7階・地下1階

1923

亀の子束子西尾商店

東京都北区

大正期の
面影を残す
看板建築

JR板橋駅から旧中山道沿いを歩いていると、歴史を感じる商店の数々が目に入ります。そのなかでもひときわ異彩を放っているのが亀の子束子西尾商店です。左右対称の西洋風の外観で、軒の下部にはハーフティンバー様式のようなデザインも用いられています。正面入口の脇には束子の原料にもなるシュロの木が植えられ、その独特な佇まいが店の前を通る人々の視線を引き寄せています。建物はこれまで大きな改修は行われておらず、大正時代に建てられた当初のままだろうと言われており、外装の装飾や窓格子など細かなところまで創建当時の姿を留めています。設計者は不明ですが、窓廻りや入口の上部に幾何学的なデザインが多く用いられていて、大正期の流行を感じさせるつくりです。

2

3

data

設計者 —— 不明

用途 —— 店舗、事務所

竣工年 —— 1923年

所在地 —— 東京都北区滝野川6-14-8

構造／階数 —— 木造／地上2階

1 道路側に張り出した正面玄関は、両脇の窓格子のデザインや周りの植栽も含めて印象的な外観

2 2階右側の窓だけには木製の格子手摺が設置され、窓を全体が開閉出来るようになっている

3 外壁には凹凸のあるモルタルスタッコ仕上げや擬石の洗い出しなど、さまざまな左官技術が用いられている

4 内部は現代風の家具が置かれているが、躯体や建具は当初のまま保たれ、細部の彫刻や格子状の白い天井など、大正時代のデザインが今も息づいている

4

1929

旧小菅刑務所

東京都葛飾区

更生者が"羽ばたく"ような、鳥型の刑務所

2023年に完了した保存改修工事に
よって、外観は創建当時の姿に復原
された。建設当初と同じ櫛引き左官
仕上げにより、淡い色合いに甦った

1 建物のエントランス前には池が設けられ、建物内部
へは車寄せのポーチから入るアプローチとなっている

2 風除室の両脇に設けられたスリット窓からは柔らか
い自然光が差し込む

3 車寄せのポーチと2階のエントランスホールをつな
ぐ大きな風除室。階段の形状に合わせて、天井と屋根
も段々状の形状となっている

東京拘置所の敷地内に現存する旧小菅刑務所の庁舎。現在の東京拘置所にはかつて小菅監獄（後に小菅刑務所に改称）があり、1929年の建設当時はこの庁舎を中心として南北に舎房が配置されていました。1971年に小菅刑務所は廃止となり、東京拘置所がこの地に移転し、現在は旧庁舎だけが残っています。建物は中央に監視塔が高くそびえ立ち、左右には管理室が伸び、まるで羽を広げた鳥のような来庁者を迎える建物となっており、「開かれた庁舎」という目的を現在も継承しています。チャールズ・チャップリンが1932年に視察した際に「おそらく設備や明るさの点からいって世界一」と絶賛したことからも、非常に高い水準の施設であったことがうかがえます。

［東京］旧小菅刑務所

103

かつて小菅刑務所内には東京集治監として建てられた煉瓦造の建物がありましたが、1923年に起きた関東大震災で全壊。旧庁舎は全壊した建物の代わりにつくられたもので、収容者たちが実際に手を動かして施工しました。旧建物が煉瓦造で耐震性が弱かったため倒壊したことから、新たな庁舎は当時の最先端だった鉄筋コンクリート造で建設。この際、骨材の代わりに倒壊した東京集治監の煉瓦片が多く使われました。2023年の保存改修工事では煉瓦片によるコンクリート造の耐震改修も行い、デザインの面でも構造の面でも歴史的価値が保存されました。

1 動線の要となる空間の2階エントランスホールも創建当時の意匠が復原された。幾何学的なパターンが用いられた光天井による明るい空間。天井面には細長いスリット上の換気孔が設置され、心地よい環境がつくり出されている

2 エントランスホールの先にある階段室。開口部の上部はアーチがかたどられ、柔らかい印象を与えている

3 監視塔の形状は特に特徴的で、非視界が開かれた格子窓は周囲を監視するという機能面でも優れていた

［東京］旧小菅刑務所

data

設計者 —— 蒲原重雄（司法省営繕課）

用途 —— 刑務所（現在は事務所）

竣工年 —— 1929年

所在地 —— 東京都葛飾区小菅1-35-1

構造／階数— 鉄筋コンクリート造／地上3階（＋監視塔）

＊1999年にDOCOMOMO Japanにより
「日本におけるモダン・ムーブメントの建築」に選定

優雅なひとときを過ごす
百貨店建築の名作

明治から大正にかけて、ショッピングが都市に暮らす人たちの新しい娯楽となりました。江戸期の座売り方式（客の注文に応じて、店の奥から商品を出す）から、現在のように商品を陳列し自由に選べる方式があらわれ、店舗もそれまでとは異なる空間へと変わっていきます。そうして煌びやかに飾りたてられた店舗ができ、東京のショッピングの中心地・日本橋や京橋は多くの人で賑わいます。しかし、1923年に起こった関東大震災により、東京周辺は大きな被害を受けてしまいます。その後、すぐに戦後復興へと歩み出すと、日本橋・京橋だけでなく、新宿や渋谷といったかつての郊外まで、東京には数々の百貨店の名建築が生まれました。これら3つの百貨店は、震災復興後に誕生した東京を代表する美しい百貨店建築です。

1927
日本橋三越本店
東京都中央区

老舗の威厳あふれる
日本初の百貨店

現在の建物は1914年に竣工した旧本店が、関東大震災で被害を受け、その一部を活かしながら増改築されたものです。ルネサンス様式を基調としながらも、水平と垂直のグリッドが強調された外観が特徴です。特にエントランスまわりには細やかな彫刻や鮮やかな色彩が施され、百貨店の顔として華やかに演出されています。建物の西側角にある塔には、アール・デコ様式風の幾何学的なデザインが用いられ、隣接する三井本館とともに日本橋のシンボルとなっています。

端正で威厳のある外観。よく見ると増改築された跡をうかがうことができる

data
設計者 —— 横河工務所（横河民輔）
用途 —— 百貨店
竣工年 —— 1927年
所在地 —— 東京都中央区日本橋室町1-4-1
構造／階数 — 鉄筋コンクリート造／
　　　　　　［竣工時］地上5階・地下1階
　　　　　　［現在］地上7階・地下2階
＊1999年に東京都選定歴史的建造物、
2016年に国の重要文化財に指定

1933
日本橋高島屋
東京都中央区

「和・洋」と「新・旧」が
融合した百貨店

重厚な西洋の歴史様式を基調としながらも、随所に日本の寺院建築のデザインを取り入れ、西洋建築と和風建築がみごとに融合した建物です。設計したのは高橋貞太郎。エレベータ脇の大理石を、木を意識したブラウンにするなど、細部にまで高橋のこだわりが光ります。村野藤吾による増築は、当時は珍しいガラスブロックを使った近代的な意匠でしたが、高橋の意匠を崩さずに調和させています。4度の増改築を重ね、それでもなお西洋と和風がみごとに融合する昭和建築の名作です。

外観は丸みを帯びたコーナーが特徴。この本館に隣接して2018年に完成した新館(写真奥)は、本館の外観にあわせて角に丸みを持たせたデザインに

data
設計者 —— 高橋貞太郎、[増築]村野藤吾
用途 —— 百貨店
竣工年 —— 1933年
所在地 —— 東京都中央区日本橋2-4-1
構造/階数 —— 鉄骨鉄筋コンクリート造／
地上8階・地下2階
＊2006年に東京都選定歴史的建造物、
2009年に国の重要文化財に指定

1933
伊勢丹新宿本店
東京都新宿区

アール・デコ調のモダンな
百貨店

1933年に竣工した伊勢丹新宿本店は、新宿のランドマークとも言うべき存在です。低層部の石の彫刻やブロンズのレリーフなどは、創建当時のものですが、竣工後すぐに隣接する百貨店を買収し、1936年に改修が行われています。2つの建物の壁面を撤去して、建物を接続し、1つのビルに改修したのです。現在の外観はこの時の改修によるもの。全体は長い柱で縦のラインを強調したファサード(外観)としながらも、細部の彫刻は、アール・デコ調で統一されています。

数多くの装飾が施された低層部の上に、柱で縦のラインを強調した上層部が続くデザインが、重厚感のある雰囲気をつくりだしている

data
設計者 —— 清水組(現清水建設、設計主任は
八木憲一)
用途 —— 百貨店
竣工年 —— 1933年
所在地 —— 東京都新宿区新宿3-14-1
構造/階数 —— 鉄骨鉄筋コンクリート造／
地上7階・地下2階
＊2004年に東京都選定歴史的建造物に選定

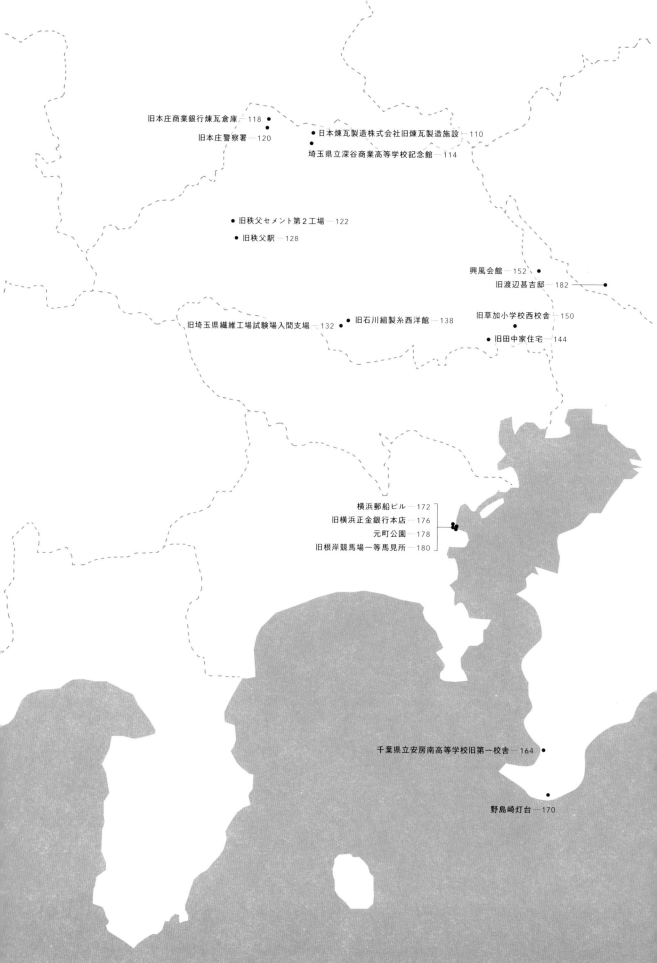

地域の拡がりとともに
名建築の多様性も
拡がっていく。

東京近郊

1907

日本煉瓦製造株式会社旧煉瓦製造施設

埼玉県深谷市

日 本 建 築 の 近 代 化 を 支 え た レ ン ガ 製 造 施 設

［埼玉］日本煉瓦製造株式会社旧煉瓦製造施設

旧事務所は、明治21年頃の建設
で、ナスチェンテス・チーゼ技師の
住居も兼ねた玄関頂部の四ツ星型
の飾りは、日本煉瓦製造の社章

レンガは、東京駅(62頁)をはじめとする明治・大正期の代表的建築物に使われた材料で
すが、それらレンガを製造していた工場の一つです。渋沢栄一らを中心に設立された会
社の施設で、ドイツ人のレンガ製造技師のナスチェンテス・チーゼのもと、当時最新だっ
たホフマン式輪窯を導入し、最盛期には6基の窯でレンガを製造していました。残存して
いるホフマン式輪窯は最後に増設された6号窯です。内部は18室の焼成室に分けられ、
各室には外側にレンガを搬出入するための開口が、内側には中央の煙突へと続く煙道が
設けられています。ホフマン式輪窯をおおう木造覆屋も創業時から設けられているもの
ですが、規模は創業時から縮小されています。また、現在は「煉瓦史料館」として活用さ
れている旧事務所は、チーゼ技師の住居兼事務所として建てられたものです。内部には、
漆喰天井の繰型や円形の中心飾りが残されています。

1 木造の覆屋のなかに入ると、高い技術によって形成された美しい曲線形状のレンガ積を見ることができる。楕円形の平面をしており、これは国内に現存するホフマン式輪窯のうち最大のもの。煉瓦をよく見るとススが付いているものや焦げているものがあり、当時の使われていた様子がよくうかがえる

2 煙突は鉄筋コンクリート造で高さが約40mもある。この煙突は熱と煙を排出する装置で、ホフマン式輪窯には不可欠なもの

3 旧変電室は、電灯線を引くために1906年に建設されたもので、深谷市で最初期に電灯線が引かれた例とされる。小ぶりながら、段状のモールディングが施されている

[埼玉] 日本煉瓦製造株式会社旧煉瓦製造施設

data

設計者 —— 不明

用途 —— 工場

竣工年 —— 1907年 (ホフマン輪窯6号窯)

所在地 —— 埼玉県深谷市上敷免28-10、11

構造／階数—[ホフマン輪窯6号窯] 煉瓦造
　　　　　　[旧事務所] 木造／地上1階
　　　　　　[旧変電室] レンガ造／地上1階

＊1997年に国の重要文化財に指定

埼玉県立深谷商業高等学校記念館

埼玉県深谷市

大正ロマンの風情漂う萌黄色の木造校舎

玄関上部の軒上飾りや建物両端部に設けられた半円モチーフのペディメント（2階外壁から屋根まで延びた壁）にはアールヌーボー的なデザインが見られる

大正期に建てられた、桟瓦葺きの寄棟づくりによる2階建ての大規模木造校舎です。創建当時の深谷町民にとって商業学校の設置は悲願であり、地元の有力者であった渋沢栄一や大谷藤豊らの尽力によって1922年に華々しく開校しました。中央の玄関上部には尖塔、屋根にはドーマ窓が設けられ、左右対称に教室が配置された当時の木造校舎の典型的なプランです。校舎としては1967年まで使われ、現在は「二層楼」という愛称の記念館として活用されています。2011年から保存修理工事が実施されましたが、その際に創建当時の外観は工事前の白色系ではなく、萌黄色で彩られていたことがわかりました。修理工事を終えた校舎が装う萌黄色は忠実に大正期の色彩が復原されており、必見の歴史的建造物です。

[埼玉] 埼玉県立深谷商業高等学校記念館

data

設計者 —— 濱名源吉(埼玉県技師)
用途 —— 高等学校
竣工年 —— 1922年
所在地 —— 埼玉県深谷市原郷80
構造／階数—木造／地上2階
＊2000年に国の登録有形文化財に登録

1 木の温かみが感じられる旧校長室。室内には重厚な奉安庫が設けられていた

2 北側に廊下、南側に教室が並ぶ片廊下式の平面構成であり、当時の学校建築の特色がよく現れている

3 校舎正面。背面(114頁)と屋根のデザインは若干異なる

4 2011〜2013年にかけて行われた保存修復工事では、外壁は萌黄色、窓枠は緑色に塗り直されたのに合わせて、教室も同様に彩られた

旧本庄商業銀行煉瓦倉庫

埼玉県本庄市

繭取引で賑わった町の歴史を伝えるレンガ倉庫

この建物は銀行が担保として預かった繭を保管するための倉庫として1896年に建設されました。レンガ壁やトラス構造といった西洋からの技術と木造軸組という古くから日本にある技術が融合し、繭の保管に必要な柱のない大空間が実現しました。繭というデリケートな素材を保管することから、扉の網戸や室内の湿度を調整できる換気口など、この建物ならではの設備が設けられています。なかでも鉄格子や鉄扉は防火や防盗に対しても役立っていたといいます。倉庫としての役目を終えた後は洋菓子店として利用されてきましたが、2011年の閉店に伴い歴史上、重要な建物であるとして本庄市が取得し、保存改修工事が行われ、2017年に市民のための交流施設へ生まれ変わりました。現在は、1階は交流と展示用スペース、2階は多目的ホールとして使われています。

【埼玉】旧本庄商業銀行煉瓦倉庫

1 外壁には隣の深谷市にある、日本のレンガ製造の拠点の一つとなった日本煉瓦製造（110頁）のレンガが使用されている。

2 屋根を支える小屋組みは、トラス構造のなかでも「キングポストトラス」と呼ばれる中央に支柱（真束）を立てる形式を採用している。改修工事の際は大空間を最大限に活かすために、2階部分に極力新たな構造体を設けない耐震補強が行われた

data

設計者 ―― 清水店（現清水建設）
用途 ―― 倉庫（現在は複合施設）
竣工年 ―― 1896年
所在地 ―― 埼玉県本庄市銀座1-5-16
構造／階数―レンガ造／地上2階
＊1997年に国の登録有形文化財に登録

1883
旧本庄警察署

埼玉県本庄市

木 で 細 部 ま で 表 現 さ れ た 洋 風 建 築

1883年に建てられた擬洋風建築の警察署です。建物は1911年に大規模な改修工事が行われましたが、1980年に創建時の姿に復原整備され、歴史民俗資料館として開館しました。外壁は白い漆喰が塗られ、建物の角や玄関周りに施された隅石や、勿忘草色に塗装された列柱や窓枠、さらに列柱の上に載った「ペディメント」と呼ばれる三角形の破風が目を引きます。正面2階のベランダにある列柱の上部にはアカンサスの葉の彫刻が施されていますが、これは「コリント式」と呼ばれる様式の柱。一般的には石材で造られますが、建物も木造であるため、柱も彫刻部分も木製です。また、ベランダの天井にある鳳凰の漆喰レリーフや木製の列柱からは、和風と洋風のデザインを融合しようとした意図が感じられます。2020年に歴史民俗資料館は閉館しましたが、建物は大切に保管されています。

2

[埼玉] 旧本庄警察署

1 ベランダの開口部の上部に設けられた半円形の窓もモダンな雰囲気を醸し出しており、手摺にも創建時の装飾が残されている

2 天井の照明を吊り下げる箇所に施された円形のレリーフは漆喰製で、植物の葉などが立体的につくられている

1

data

設計者 —— 不明（施工者は角田富蔵）

用途 —— 警察署

竣工年 —— 1883年

所在地 —— 埼玉県本庄市中央1-2-3

構造／階数 — 木造／地上2階

＊1972年に埼玉県指定有形文化財に指定

旧秩父セメント第２工場（秩父太平洋セメント 秩父工場）

埼玉県秩父市

近 代 の 機 能 美 と 日 本 の 伝 統 美 が 融 合 す る 工 場 群

［埼玉］旧秩父セメント第２工場（秩父太平洋セメント 秩父工場）

敷地の南北を貫くメインストリートを挟んで、東西に建物群が並ぶ。竣工から60年以上が経ち、製造工程や工法は変化し、使用されなくなった施設もあるが、今も大切に保存されている

123

セメントの原料の石灰石が産出される、秩父の武甲山の麓に位置するセメント工場です。それぞれの建物・構造物は、セメントを製造する工程にあわせて南から北に向かって配置され、煙突や円柱のタンク、用途の異なるさまざまな建物が渾然一体となって並びます。敷地の南側には、製造されたセメントを鉄道で輸送するための線路が敷かれるなど、機能的かつ合理的な配置。連続する緩やかなかまぼこ屋根が特徴の鉄筋コンクリート造の建物は、工場らしい力強さが感じられます。外壁の大部分は鉄とガラス、スレート板で構成されていますが、格子や障子を思わせるデザインが施され、どこか日本らしさがあります。機能性や合理性が重視される工場建築に、日本の伝統的な意匠が用いられた類まれな建物群です。

1 建物から煙突が伸び、圧倒的なスケールと迫力が感じられる。2本が連なる「メガネ煙突」も谷口の設計によるもの。かつてはここに螺旋階段が取りついていた

2 工場内でもっとも大きな「原料ホール」と呼ばれる建物。圧迫感を抑えるために、縦のラインを強調したり、1階のコンクリートの壁にカーブをつけたりと、さまざまな工夫を凝らしている

3・4 原料ホールの外部階段と内部見上げ。幅30m、長さ240m、軒の高さ25.7mの大空間を、高さ11mの擁壁（コンクリートの壁）でわけて材料を保管している

3

設計したのは、旧ホテルオークラ東京本館メインロビーや慶應義塾幼稚舎などの建築家として知られる谷口吉郎です。竣工当時はすでに多くの建築物を手掛けていましたが、東京帝国大学（現東京大学）の卒業設計で工場をテーマにしていた谷口にとっては、念願の工場設計の仕事だったのではないでしょうか。「気持ちのよい生産環境をつくりたい」という思いを、塵埃や騒音がほとんどない工場と芝生や花壇のある中庭で実現しました。それまでの工場のイメージを刷新した記念碑的な作品です。

1 特殊セメントの原料を攪拌する「スラリーベースン」と呼ばれる構造物。内径32.5m、深さ6.5mもある。奥にあるのは原料を運ぶための施設。ベルトコンベアに載せられた原料が、斜めの渡り廊下を通って原料ホールなどに運ばれていた

2 内径3.75mの回転窯。石灰石が窯尻から入れられ、最高温度1350度に達する回転窯を通って窯前へと運ばれていく。セメント製造のための1つの工程。全長170mある回転窯は当時としては世界最長だった

3 かまぼこ型の建物がリズミカルに並ぶ

4 守衛所も工場の建物群とそろえたデザインに。工場内の建物でところどころ使われているレンガは深谷の旧日本煉瓦製造施設（110頁）でつくられたものという

5 セメントを輸送などの目的でつくられた線路と出荷用施設。現在は他の工場へ石灰石を輸送するために使用されている

data

設計者	谷口吉郎、日建設計工務
用途	工場
竣工年	1956年
所在地	埼玉県秩父市大野原1800
構造／階数	鉄筋コンクリート造、鉄骨造

＊1999年にDOCOMOMO Japanにより
「日本におけるモダン・ムーブメントの建築」に選定

1914

旧秩父駅

埼玉県秩父市

秩父鉄道最大規模を誇った塔屋つき木造駅舎

建物は幅約18m、奥行き約13m、高さは
塔の一番上まで約11mあり、当時は非常
に規模の大きな駅舎だった。塔屋は板を
水平に張る下見板張りをした洋風の趣き

上武鉄道（現秩父鉄道）が1914年に秩父まで延伸された際に竣工したこの駅舎は、寄棟づくりの大きな屋根と付属する塔屋が特徴的な建物。外壁は漆喰と板張りによる洋風ですが、屋根には和風の瓦が使われ、和洋折衷のダイナミックなデザインです。外観は前面道路や駅前広場からの遠望を意識したことが感じられ、この建物が「秩父の玄関口」であった頃を想起させます。塔屋の内部は吹き抜けになっているため、中央ホールには高い天井から自然光が差し込み、プラットホームへと向かうコンコースが明るくなるように設計されていました。1983年まで、沿線を代表する駅舎として使われてきましたが、役目を終えて現在は秩父市聖地公園内に移築されました。内部は改修され、機能も変わっていますが、木製の改札口や当時使われていた駅の看板などがあり、この建物が駅舎であったことを後世に伝えています。

1 駅舎として使われていた当時は、建物の左に駅員室と待合室があったが、現在はそれぞれ事務室と休憩室に

2 四方に設けられた塔屋の窓から自然光が入り込み、白い壁を伝ってコンコースを明るく照らしていた

3 内部はゴールデンウイークやお盆の時期などに一般開放される。かつての待合室は公園を訪れた人のための休憩所として使われる

data
設計者 ── 坂本朋太郎
用途 ── 駅舎（現在は集会所）
竣工年 ── 1914年
所在地 ── 埼玉県秩父市大宮5663-1
構造／階数── 木造／地上1階
＊2001年に国の登録有形文化財に登録

1939

旧埼玉県繊維工業試験場入間支場（文化創造アトリエ・アミーゴ）

埼玉県入間市

工 場 の 象 徴 と な っ た " の こ ぎ り 屋 根 " の 繊 維 工 場

［埼玉］旧埼玉県繊維工業試験場入間支場（文化創造アトリエ・アミーゴ）

のこぎり屋根が印象的な「アミーゴホール」の大空間には、柱や天井の梁など往時の姿が残されている

1900年に地元の織物業者らが入間染工株式会社を設立し、1916年に仏子模範工場を建設。1939年にはこの埼玉県繊維工業試験場が建設されました。のこぎり屋根が特徴的な木造建物は、かつて工場として使用されていた部分です。屋根には、のこぎりの刃の短辺に当たる部分に大きな窓が設けられ、室内の奥まで明るく照らすことから、当時の工場建築に多く採用されていました。試験場は地元に密着しながら人と技術を育ててきましたが、1998年に施設の統合という形で長い歴史に幕を閉じました。その後に改修工事が行われ、2001年に入間市文化創造アトリエ「アミーゴ」としてリニューアルオープンを果たしました。のこぎり屋根の工場は大空間をいかして多目的ホールとなり、音楽や演劇の練習場として活用されています。

1 縦糸を張るための器械が、現在もそのまま残されている。自動車メーカーのスズキが、かつて鈴木式織機製作所として木製織機を販売していた時のもの

2 当時の工場では、採光面は北向きが一般的だった。工場での作業は、強い光よりも、安定した光が長く続く環境の方が作業に適しており、この北向きの窓からは、工場内への直射日光を抑えながらも、安定した一定の光源が得られるようになっていた

3 梁の接合部分には「チベル鉫」と呼ばれる木材のずれを防止する部材が取りつけられている

［埼玉］旧埼玉県繊維工業試験場入間支場（文化創造アトリエ・アミーゴ）

1 本館外観。本館には事務所、多目的ルーム、管理室、情報室などが設けられている

2 裏玄関には、円形のコーナーが設けられている

3 天井の中央部分を周囲より一段高くした「折上げ天井」など、当時の姿を留めた多目的ルーム

リニューアルに際しては、残されていた5棟の木造建築の保存・活用が図られました。そして、新たにスタジオやパティオを新設することで、より市民が活用しやすい施設として生まれ変わっています。かつての仏子繊維指導所は、繊維関係者が先端の技術を学ぶ場所でした。そのなかにある本館は、いまも創建時の姿を留めており、現在は文化創造アトリエの本館として使われています。

[埼玉] 旧埼玉県繊維工業試験場入間支場（文化創造アトリエ・アミーゴ）

3

data
設計者 —— 不明
用途 —— 工場（現在は複合施設）
竣工年 —— 1939年
所在地 —— 埼玉県入間市仏子・766-1
構造／階数— 木造／地上1階

1921頃

旧石川組製糸西洋館

埼玉県入間市

繊維業繁栄の面影を残す優美な洋風迎賓館

化粧レンガ張りの壮大な外観は、一見すると木造には見えない。玄関ポーチの屋根は「入母屋」と呼ばれる和風意匠を用いているため、和洋折衷とも言える

1

この建物は石川組製糸の創業者である石川幾太郎が建設した迎賓館としての機能を持つ洋風建築です。建設にあたっては、設計は室岡惣七が、施工は川越祭りの山車の制作にも関わった宮大工の関根平蔵が担当しました。竣工年は不明ですが、上棟は棟札から1921年7月7日であったことが判明しています。建物は2階建ての本館に平屋の別館が付属する構成です。外壁は本館・別館ともに茶色の化粧レンガで統一されていますが、屋根は本館が青色の洋瓦葺き（創建時は天然スレート葺き）に対して、別館は桟瓦葺きとなっています。戦

後、進駐軍に接収された際に一部が改修されましたが、今も創建時の姿をよく残し、大正の末期における日本の国際化やもてなしの文化を伝えています。

1 本館1階食堂。宮大工による細やかな天井の装飾や床の周囲にまわる寄木細工などは、部屋ごとに違った趣向が凝らされている

2 本館1階応接室の天井は、「折上げ小組格天井」と呼ばれるもの。寺院などで用いられ、格式の高さを示す。来客をもてなす、贅を尽した空間

3 階段の手摺は重厚感のあるデザイン。糸の房のようなものをモチーフにした装飾が特徴

4 本館1階玄関ホール。大理石製の飾り暖炉とシャンデリア、階段の窓から入る光が来客を暖かく出迎える

米国からのお客を招くにあたって、「海外に引けをとらない立派な館をつくらなければならない」という石川の決意からこの建物は生まれています。椅子や大理石製の暖炉などの調度品類には外国から輸入されたものもあり、当時の石川組製糸の富の大きさを知ることができます。1893年の創建後は、戦争による景気の後押しなどを経て拡大しますが、関東大震災や化学繊維の登場によって経営不振に陥り、1937年に解散しています。現在建物は入間市が管理し、一般公開やイベントなどを行っています。

1 本館2階ホールはシンプルなつくりなものの、1階玄関ホールとつながる階段に設けられた大きな窓により重厚な雰囲気が漂う

2 大広間に設けられたステンドグラスは「四君子（蘭・竹・菊・梅）」をモチーフとしている

3 桟瓦葺きの別館

4 1室だけ設けられた和室へとつながる廊下は、畳表を使った薄い敷物と市松模様の寄木細工が敷かれている

［埼玉］旧石川組製糸西洋館

data

設計者 ——— 室岡惣七

用途 ——— 迎賓館

竣工年 ——— 不明（1921年上棟）

所在地 ——— 埼玉県入間市河原町13-13

構造／階数—［本館］木造／地上2階
　　　　　　　［別館］木造／地上1階

旧田中家住宅

埼玉県川口市

商家の名残を留めた迎賓のための旧宅

化粧レンガの重厚な外壁に、
白色のアーチを持った窓枠を
配することで、均整のとれた
デザインとなっている

埼玉県川口市で盛んだった麦味噌醸造業で栄えた田中家の旧宅です。実業家としてだけでなく政界にも進出していた4代目・田中徳兵衛が、住居兼接客を目的とした施設として建設。1923年の建設当時は洋館と麦味噌醸造蔵が建っていましたが、2度の改修工事を経て、洋館・和館・文庫蔵・茶室の4つからなる現在の姿となりました。正面に立つのはレンガ造3階建ての洋館です。茶褐色の化粧レンガを張ったルネサンス様式の流れをくむ優美な外観を有しています。内部は、応接室や大広間などには洋風の意匠を用いながらも、玄関正面には和室の帳場を設けるなど、和と洋が交じり合ったつくり。この住宅を建設した4代目は材木業も営んでいたため、屋久杉など最高級の木材を用い、化粧レンガも建築現場の近くで1枚ずつ焼かせ、大金をかけたといいます。

1 大広間は眺望を重視して3階に配置されている。室内は角柱・円柱や正方形をベースとしたシンメトリーな意匠が特徴的なジョージアン様式を基調とし、調度品もロココ調など、細部のデザインに凝った家具としている

2 玄関横には少人数の来客などに使用した小さな1階応接室がある

3 2階の書斎も洋風のつくり

洋館の東側には、より大勢の接客を目的とした迎賓施設として、1934年に和館が併設されました。敷地南側の麦味噌醸造蔵の跡地には、1973年の改修工事で増築された茶室と広大な池泉回遊式庭園が広がり、和館の大広間から眺めることができます。4つの建物と庭園が周辺に対して景観をつくり、水運で栄えた芝川沿いのランドマークとしてだけでなく、かつての川口商人の財力を物語るうえでも貴重な建築です。

1 和館2階にあるのは「客間」と呼ばれる14畳の和室。窓の外には池や枯山水のある池泉回遊式庭園の美しい景色が広がる

2 階段室は洋風のつくりだが、その周りには「書院造り」と呼ばれる伝統的な和室が面する和洋が交じり合った独特の空間

3 洋館には貴重な家財道具を保管するための蔵がある

［埼玉］旧田中家住宅

data
設計者 —— 櫻井忍夫
用途 —— 住宅（現在は資料館）
竣工年 —— ［洋館］1923年、［和館］1934年
所在地 —— 埼玉県川口市末広1-7-2
構造／階数—［洋館］レンガ造／地上3階
　　　　　　［和館］木造／地上2階
＊2018年に国の重要文化財に指定

1926
旧草加小学校西校舎（草加市立歴史民俗資料館）
埼玉県草加市

埼玉初、鉄筋コンクリート造の学び舎

埼玉県初の鉄筋コンクリート造の小学校。関東大震災の教訓から、従来の木造校舎の倍以上もの費用を費やし、耐震・耐火性能に優れた鉄筋コンクリート造の校舎が建設されました。外壁はモルタル仕上げで柱型を現し、二連の縦長窓を設け、パラペットの正面と背面中央が山形に立ち上げられています。平面は、各階に3つの教室を配置しながら、西側に廊下、南北の両端に階段室が設けられ、屋上は運動場として使われていました。設計者の大川勇は草加小学校出身の建築家で、大正時代から戦前にかけて埼玉県を中心に多くの木造校舎などの設計を手掛けてきました。校舎としての役割は1979年度末をもって終了しましたが、1982年に改修工事が行われ、翌1983年に郷土の歴史資料や民俗資料などを収蔵する資料館の役割を担う「草加市立歴史民俗資料館」として開館しました。

1・2 竣工から90年以上を経た今でもなお芸術性の高い山形のデザインの屋根は、この建物の一番の特徴。埼玉県内で鉄筋コンクリート造の校舎が本格的に建てられるようになったのは、草加小学校の完成より約30年後の1950年代からだったことを考えると、この校舎の建設がいかに先見性のあるプロジェクトであったかが感じられる

3 2階部分には、昭和30年代の教室を再現した部屋があり、当時の椅子や机、教壇も展示されている

data

設計者 —— 大川 勇
用途 ———— 学校(現在は資料館)
竣工年 —— 1926年
所在地 —— 埼玉県草加市住吉1-11-29
構造/階数— 鉄筋コンクリート造/地上2階
＊2008年に国の登録有形文化財に登録

1929

興風会館

千葉県野田市

醤油醸造とともに発展した文化施設

最大506人収容の客席を持つ大講堂。
1929年の竣工時には、県内で千葉県庁
舎に次ぐ大建築であったとされている

1

この建物は野田の地で約300年に渡り、醤油の醸造を発展させてきた茂木・高梨両家が1929年4月に設立した財団法人興風会によって建てられたものです。竣工以来、講演会や展覧会など数多くの催しが開催され、地域に密着した文化施設として親しまれてきました。建物は「近世復興様式」と呼ばれる建築様式にロマネスクを加味したものです。正面の外観は左右対称のデザインを基調とし、玄関はゆったりとした2つの半円アーチから構成され、落ち着いた空間をつくりだしています。外壁には円形や正方形の窓だけでなく、上部に半円アーチが用いられた窓など、さまざまな形が採用され、親しみやすい雰囲気となっています。

［千葉］興風会館

data
設計者 ―――― 大森 茂
用途 ―――― ホール、会議室、ギャラリー
竣工年 ―――― 1929年
所在地 ―――― 千葉県野田市野田250
構造／階数― 鉄筋コンクリート造／地上4階・地下1階

1 外観中央部は前面に張り出しながら塔屋を設け、さらに段状のモチーフを繰り返すことによって、強い正面性をつくりだしている

2 最も特徴的な大講堂は、2階席が張り出した巨大な吹き抜けの空間で、段状になったプロセニアムアーチ（舞台を縁取る装飾）や曲面の天井によって、統一感のあるデザインとなっている

3 屋根の形状も大講堂の天井高にあわせて奥にいくほど低く、段上になっている

4 かつての客間は待合のためのスペースに改修されているものの、暖炉の跡など竣工当時の姿を偲ぶことができる。うねるような形の階段の手摺や幾何学的な照明器具など、細部のデザインにも見所が多くある

1918
旧川崎銀行佐倉支店（佐倉市立美術館）

千葉県佐倉市

100年を超えて活用され続ける旧銀行

この建物は佐倉藩の城下町として栄えた中心部に位置し、周辺には数多くの史跡が点在しています。ドイツに5年間留学していた矢部又吉が設計したことから、ドイツの様式建築の影響が多く見られますが、正面入口上部の装飾などには自由な新しい表現を求めた「セセッション（分離派）」という建築当時の流行の影響も感じさせます。

また、正面入口の左右の柱には簡素な柱頭飾りのデザインが用いられ、壁面にも簡素化された柱型の装飾があります。1994年に保存と活用を考慮しながら改修され、佐倉市立美術館のエントランスへと生まれ変わりました。開館以降、佐倉市や広く房総にゆかりのある作家の作品を中心とした展示が行われています。

1 外壁はタイル張り、正面の腰は石張りとなっており、新しい流行も取り入れながら全体としてはすっきりとした印象

2 1937年に佐倉町（現佐倉市）に売却された後、町役場、公民館、図書館、資料館などさまざまな用途で活用され続け、1994年から佐倉市立美術館として使用されている

3 美術館の2層吹き抜けのエントランスホールは、銀行だった当時の内装を模した改修がされている

data

設計者 —— 矢部又吉

用途 —— 銀行（現在は美術館のエントランスホール）

竣工年 —— 1918年

所在地 —— 千葉県佐倉市新町210

構造／階数 —— 煉瓦造／地上2階

大多喜町役場中庁舎

千葉県夷隅郡

モダニズムと独自のデザインが調和する庁舎

なだらかな斜面に沿ったファサード。
1階・2階ともに丁寧に管理される庭園
を眺めることができる。建物から突き
出る入隅が特徴的。

房総半島の田園風景に調和したおおらかな町役場。打ち放しコンクリート仕上げの構造体や、大判のガラスに対して細いスチールサッシが用いられた透明感のある立面など、モダニズム建築の特徴を持ちながらも、アプローチのうねった大庇の形状や、要所にあるモザイク壁画の装飾には、設計者である今井兼次の独特なデザインが表れています。建物は敷地の高低差を巧みに利用し、議場を下階に、町役場の機能を上階に配置。水平性が強調された一文字形の構成は、斜面を上手く取り込んで地形に馴染んでいます。

1 1階の議場。非常に細いスチール製のサッシを介して庭園を眺めることが出来る。梁の彩色には双鶴や紅白椿をモチーフとした装飾が施されている

2 2階の会議室。照明器具は武田菱のような造形が特徴的

3 廊下は人造大理石の床。エントランスホール床には方位盤があり、細部へのこだわりが感じられる

4 壁面に信楽焼のタイルが用いられた階段室。太陽・月・星・人口衛星のレリーフが設けられている

〔千葉〕大多喜町役場中庁舎

161

1

エントランスの特徴的な大庇は柱を千鳥状に配置したり、近くを流れる夷隅川をイメージして梁をS字型に湾曲させたりすることによって、重量感と同時に開放感が生まれています。また、西側の側面や大庇を支える壁には地場産の蛇紋岩が用いられていて、随所に大多喜町の歴史も感じさせます。2011年に千葉学の設計による新庁舎が隣接して建てられた後は、中庁舎として使われ続けられています。

data

設計者 ── 今井兼次
　　　　　［改修］千葉学建築計画事務所

用途 ── 庁舎

竣工年 ── 1959年

所在地 ── 千葉県夷隅郡大多喜町大多喜93

構造／階数 ── 鉄筋コンクリート造
　　　　　　／地上1階・地下1階

＊2008年にDOCOMOMO Japanにより「日本におけるモダン・ムーブメントの建築」に選定、2015年に国の登録有形文化財に登録

1　大庇の天井裏の梁は夷隅川の流れを表している。大庇の一方の端には随所に四角や星形の穴を穿った壁があり、若松をモチーフとした支柱に支えられている

2　屋上のペントハウスの側壁には、各地から集めた陶片を割ったモザイクタイルが用いられ、大多喜町の人々と暮らしが描かれている

3　西側の壁面には地場産の蛇紋岩が使われている。屋上の装飾は舞鶴とOTAKIの文字を表す

4　双鶴をモチーフにした1階議場の引き手金物

1930
千葉県立安房南高等学校旧第一校舎

千葉県館山市

幾 何 学 模 様 が 学 生 生 活 を 飾 っ た 木 造 校 舎

中央の正面玄関の棟から、左右
対称に教室が展開している

全国的に見ても貴重な、旧高等女学校の木造校舎。1930年に千葉県立安房高等女学校の校舎として建てられたこの建物は、ピンク色に塗られた下見板張りの外壁が美しい長大な外観が特徴的です。校名を変えながらも多くの卒業生を輩出してきましたが、校舎の建て替えが次々と進むなかで、創立100年を迎えた2008年に高校の統廃合によって歴史の幕を閉じました。校舎は左右対称のデザインで、中央には棟を交差させた正面玄関があり、両端には突出部が設けられていて、その一部は階段室となっています。また、屋根は正面玄関が半切妻づくりなのに対して、左右は寄棟づくりとなっています。全体的に菱形のモチーフが多く用いられ、特に校舎の顔となる正面玄関には多くの装飾が設けられています。閉校から未使用のまま10年以上が経過していますが、今後、保存・活用が期待される建築です。

1 廊下の両側の窓は欄間付きで開放的な印象があり、教室の出入口の引き違い扉には閉めた状態で菱形になる飾り桟が付いている

2 玄関の側面にある窓。ダイヤ形の桟と、「巴くずし」と呼ばれる、「己」の形が反復したような装飾が施されている

3 階段は幅が広くゆったりとしていて、親柱には宝形の頭頂部や直線的な切り込み装飾が施されている

1·2 旧体育館と講堂の正面には、幾何学模様を組み
合わせた装飾窓が象徴的にデザインされている

3 講堂の内部は、かまぼこ形のアーチのある洋風の
演壇に対し、天井には格天井が用いられるなど、和洋
が組み合わせられた独特なデザインとなっている

木造校舎以外にも、翌年の1931年に竣工し、格天井や演壇など内部も往時の姿
を今も十分に留めている講堂や、旧体育館の一部分も敷地内に残っています。
講堂は、最終的には学年集会などの集会所として活用されていました。また、旧
体育館は、創建当初は生徒の控所として建設されましたが、その後体育館とし
て使用され、最後には剣道場として利用されました。

〔千葉〕千葉県立安房南高等学校旧第一校舎

data

設計者 —— 不明

用途 —— 学校

竣工年 —— 1930年

所在地 —— 千葉県館山市北条611

構造／階数 — 木造／地上2階

＊1995年に千葉県指定有形文化財に指定

1924
野島崎灯台

千葉県南房総市

房総半島の最南端に佇む灯台

1

野島埼灯台は江戸条約により建設を約束した8灯台の1つで、神奈川県横須賀市の観音埼灯台に次いで我が国で2番目に古い洋式の灯台です。当時、横須賀製鉄所に出入りする船舶のために、早急に東京湾口に灯台を建設する必要に迫られていたこともあり、まず1869年1月に仮の灯台で点灯させ、同年の12月には本灯台での点灯を開始しました。この灯台はフランス人のフランソワ・レオンス・ヴェルニーの設計によるものです。しかし、当初の灯台は1923年の関東大震災で倒壊し、翌1924年8月に復旧されました。その際に構造形式がレンガ造から鉄筋コンクリート造に変更されています。太平洋戦争でも被害を受けましたが1946年に復旧し、そして今なお関東地方の海運振興に寄与するとともに、地域のシンボルとして親しまれています。

［千葉］野島埼灯台

1 白亜の八角形をした大型の灯台で「日本の灯台50選」にも選ばれている。周辺は南房総国定公園に指定されていて、頂部の灯室からは雄大な太平洋のパノラマを一望することができる

2 全国の登れる灯台16基のうちの1つで、内部は螺旋階段で昇降する構造になっている

3 レンズの土台部分

4「フレネルレンズ」と呼ばれる、重さを軽減するためにレンズを同心円状に分割して、厚みを減らしたレンズが用いられている

data

設計者 —— 不明

用途 —— 灯台

竣工年 —— 1924年

所在地 —— 千葉県南房総市
　　　　　白浜町白浜630

構造／階数— 鉄筋コンクリート造／
　　　　　29m（地上から頂部まで）

＊2012年に国の登録有形文化財に登録

171

1936
横浜郵船ビル（日本郵船歴史博物館）

神奈川県横浜市

ギリシャの神殿を彷彿させるオフィスビル

NIPPON YUSE

172

EN KAISHA

［神奈川］横浜郵船ビル（日本郵船歴史博物館）

正面に並ぶ16本の列柱は、柱頭にアカンサスの葉と小さな渦巻きの飾りがついたコリント式

横浜郵船ビルは日本郵船株式会社の創立50周年を記念して、1936年に建てられました。コの字型だった建物は、後年にロの字型の建物に改修されましたが、2003年に竣工当時の姿が甦り、博物館として生まれ変わりました。柱頭にアカンサスの葉が象られた「コリント式」と呼ばれる16本の列柱が並び、直線的で均整のとれた建物は、重厚感のあるギリシャの神殿を思わせます。列柱が並ぶ建築は当時の銀行建築に多く見られます。室内は竣工当時に流行していたアール・デコ調のスタイルが取り入れられ、天井にはロゼットの飾りが並びます。海運の歴史を通じて横浜の歴史文化を学べる博物館として一般公開されていましたが2023年4月より休館。再開が待たれます。

1 内部は2003年の大規模改修で竣工時の姿に戻った。アール・デコ調の装飾や天井から下がる照明は、写真や図面から忠実に再現された

2 貿易や乗船関連の書類を発行していた窓口の名残りがあり、銀行のような空間

3 太く長い柱が堂々と並ぶ姿には威厳が感じられる

［神奈川］横浜郵船ビル（日本郵船歴史博物館）

data

設計者 ——— 和田順顕建築事務所

用途 ——— 事務所（現在は博物館）

竣工年 ——— 1936年

所在地 ——— 神奈川県横浜市中区海岸通3-9

構造／階数 — 鉄筋コンクリート造／地上3階

1904

旧横浜正金銀行本店（神奈川県立歴史博物館）

神奈川県横浜市

青 銅 の ド ー ム が 輝 く 、 誇 り 高 き 銀 行 建 築

この建物は、日本橋(78頁)や横浜赤レンガ倉庫などの設計を行い、明治期の日本建築界を代表する1人、妻木頼黄の設計により1904年に竣工しました。壁の内側に鉄材を埋め込んで補強したレンガ造の建物は、銅板葺きの美しい屋上のドームが特徴でした。しかし、1923年の関東大震災でドームは焼失。ドームのない状態がしばらく続きましたが、1967年に神奈川県立博物館として改修された際、ほぼ創建時の形状に近いドームが復原されました。外壁は花崗岩と安山岩で仕上げられ、アカンサスの葉と蔓が表現された「コリント式」の柱頭飾りをもつ大きな柱が、1階から3階まで貫き、ドームとともに、ネオ・バロック様式と評される威厳ある外観をつくりだしています。現在は、先史から現代までの神奈川県の歴史と文化を紹介する博物館として使用されています。

1 西洋の過去の建築様式を復古した「歴史主義建築」の影響を強く受けた建物。外観2階正面の窓には「イオニア式」の柱、窓枠の上部には櫛型のペディメントが装飾されている

2 現在は博物館の裏動線として使われている階段は、上客のための専用階段として使われていた。細かい装飾が施され、格式の高さがうかがえる(通常非公開)

3 ドームの角には、ドルフィン(イルカをモチーフにした想像上の生き物)の装飾がついている(屋上は通常非公開)

data

設計者 —— 妻木頼黄

用途 —— 銀行(現在は博物館)

竣工年 —— 1904年

所在地 —— 神奈川県横浜市中区南仲通5-60

構造/階数 — レンガ造・石造/地上3階・地下1階

＊1969年に国の重要文化財、1995年に国の史跡に指定

異国情緒あふれる丘の上の潤いの公園

エリスマン邸やベーリック・ホールなどが保存されている元町公園。もともとは1870年ごろに、フランス人実業家のアルフレッド・ジェラールがこの敷地一帯を落札したことがはじまりでした。ジェラールは谷戸に湧き出る豊富な湧水を利用して、横浜港に出入りする船舶への給水施設を開設。そして一帯は、「水屋敷」と呼ばれるようになりました。ジェラールは蒸気機関を早くから導入して、「ジェラール瓦」と呼ばれる瓦やレンガの工場も建設しました。しかし、関東大震災で大きな被害を受けると、横浜市が1927年に土地を買い取り、1930年に元町公園として整備します。緑が豊かな公園は、水屋敷の面影を残すように水路が通り、西洋式の庭園の涼しげな空間となっています。時代の移り変わりに応じて、機能を変化させてきた自然と遺跡が見事に共存した都市公園です。

1 敷地内には、斜面を活かした「せせらぎ広場」と呼ばれる水屋敷を彷彿とさせる広場がある。建物は屋根の一部にジェラール瓦を使用した市民プールの管理棟（2019年撮影）

2 国の登録有形文化財になっている「ジェラール水屋敷地下貯水槽」。貯水施設の一部として1870年代につくられた。地下貯水槽と同じようにレンガでつくられた上部貯水槽も発見されている

3 1990年、公園内に移築されたエリスマン邸（1926年）は、日本でも多くの建物を手掛けたチェコ人建築家のアントニン・レーモンドによる設計（建物の開館日・時間はホームページ等を参照）

data

設計者 —— 不明

用途 —— 公園

竣工年 —— 1930年

所在地 —— 神奈川県横浜市中区元町1-77-4

＊2001年に国の登録有形文化財に登録（ジェラール水屋敷地下貯水槽）

旧根岸競馬場一等馬見所

神奈川県横浜市

外 国 人 居 留 地 の 跡 を 偲 ぶ 競 馬 施 設

外国人居留地の娯楽施設として、横浜競馬場は幕末から娯楽施設として賑わっていました。ここにアメリカ人建築家J.H.モーガンが一等馬見所と二等馬見所の2つの馬見所(観覧席)を設計しました。そのうち一等馬見所のみが、遺構として根岸森林公園内に現存しています。裏側の外壁にはアーチ型の窓が、エレベータ塔の最上部には丸窓がそれぞれ設けられデザイン性を高めているほか、3本のエレベータ塔は裏から観覧席を支える支柱のようで、垂直方向の印象を強めています。当時は貴賓室やレストランも備えた複合的な施設となっており、最上階からは横浜市内を一望することもでき、競馬だけでなく景色も楽しめる場所でした。しかし、戦後GHQに接収され、その後の接収解除を経て、公園として整備されました。当時の日本人と横浜の外国人居留地に住む外国人との交流のための中核の一つとして、現在でも荘厳な存在感を放っています。

2

3

1 外壁のアーチ型の窓は外とのつながりをもたらし、開放的なデザインとなっていた

2 背面側の外壁は蔦などによって覆われ、長い年月が経過していることが印象深く感じられる

3 現存する一等馬見所の東側に建っていた二等馬見所は1988年に老朽化のために解体された。一等馬見所も修復等はされておらず、現在は立ち入りが禁止されている場所もあるため、正面からスタンド側を見ることはできない

data

設計者 —— J.H.モーガン
用途 —— 競馬場
竣工年 —— 1929年
所在地 —— 神奈川県横浜市中区簑沢13-283
構造／階数— 鉄骨鉄筋コンクリート造／地上5階
＊2009年に近代化産業遺産に認定

1934
旧渡辺甚吉邸

茨城県取手市

細部までこだわりぬいた洋風住宅の傑作

［茨城］旧渡辺甚吉邸

1階の食堂の天井には、奥行きがあり
ながら薄くも繊細で見事な漆喰細工
が施されている（写真は移築前）

岐阜県で銀行業を営んでいた名家・渡辺家の14代・甚吉は、結婚後の新居として同郷の建築家であり、1909年に開業した住宅を専門にする設計施工会社のあめりか屋の元技師・遠藤健三に設計を依頼しました。設計にあたって渡辺は遠藤を連れて欧米視察を行ったといいます。実際に設計する段階になると遠藤は、全体計画をあめりか屋・技師長の山本拙郎に、金物や照明の細部装飾を大学時代の恩師で早稲田大学教授の今和次郎に協力を仰ぎ、自身は実施設計を担当しました。全体から細部に至るまで、非常に高いレベルの技術が遠藤・山本・今という三者によって投入された貴重な遺構でした。住宅としての役目を終えた後も、スリランカ大使館や結婚式場として使われてきましたが、2018年に解体れてしまいました。しかしながら、2022年に前田建設工業の研究施設・ICI総合セン一内に移築され、匠の技が未来へと継承されました。

［茨城］旧渡辺甚吉邸

1 彫刻が施された木部の梁や手摺は、白色の壁面とはっきりとしたコントラストをつくりだしている

2 建物の外観は山小屋風の雰囲気があり、車庫の外壁や外周の塀に積み上げられていた鉄平石も印象的

3 1階の化粧室。東京国立博物館などでも使用された泰山タイルを前面に張った贅沢なつくり

1 移築後の食堂は正面の壁がオリジナルに戻され、マントルピースも復原された（**1～4**の写真は全て移築後）

建物全体はチューダー様式と呼ばれる15世紀末から
17世紀初頭のイングランドに見られた建築様式を基
調としています。特に注目すべきは細部装飾です。玄
関ホールの柱や梁にはダマスク柄を模したような彫刻、
1階の食堂天井には繊細な漆喰細工など、高度な技法
によって実現した細かなデザインが空間を彩ります。
細部まで趣向を凝らしたこの住宅は、日本近代の住宅
建築を語る上で欠かすことのできない作品です。

1 応接室の脇に設けられた階段からも2階へあがることができた。住宅としての使い勝手を優先して設計されていたことがうかがえる

2・3 今和次郎は「考現学」の創始者で、今がデザインした照明器具や扉の金物、呼び鈴の押しボタン等、高品質な装飾をいくつも確認することができる貴重な建物

4 応接室の天井は漆喰天井と照明器具とが一体的にデザインされ、照明からの光が柔らかく広がる

5 2階の寝室は白色を基調としたロココ調のエレガントで落ち着きのある空間となっている（1〜5の写真は全て移築前）

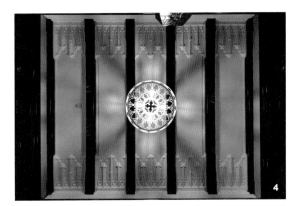

［茨城］旧渡辺甚吉邸

data

設計者 —— 山本拙郎、遠藤健三、今和次郎

用途 —— 住宅

竣工年 —— 1934年

所在地 —— 茨城県取手市寺田5270（前田建設工業ICI総合センター内）
（移築前は東京都港区白金台）

構造／階数 — 木造／地上2階（移築前は地下1階有）

水戸市水道低区配水塔

茨城県水戸市

庶民の生活を支えた近代水道のモニュメント

昭和初期、水戸市街地全体を給水区域とした近代水道が完備されます。その際に、下市と呼ばれた低地一帯に配水するための施設としてつくられたのがこの配水塔。高さ21.6m、直径11.mの円柱形の鉄筋コンクリート造ですが、このなかに高さ8m、水深6.5mの鋼製水槽が内蔵されています。塔の中間にはバルコニー風の回廊がせり出し、頂部には塔屋が設けられ、宮殿の一部のような外観です。設計したのは水道技師の後藤鶴松。彼が奮励したというだけあって、消防のホースを模したようなレリーフや窓まわりの装飾など、水道の施設としてはめずらしい、凝ったつくりをしています。入口まわりには尖塔アーチ（頂点が尖った形のアーチ）が使われ、ゴシック風の装飾。360度どこから見ても優美なその姿は、長年に渡り市民に愛され、1999年に役目を終えた今も水戸の近代水道のモニュメントとして大切に保存されています。

［茨城］水戸市水道低区配水塔

1 当初はクリーム色だけの塗装だったが、2005年に水色とクリーム色のエレガントな組み合わせの色合いに衣替えした

2 ゴシック風の尖塔アーチが特徴のエントランス

3 壁には消防ホースを模したようなデザインが特徴的な繊細なレリーフが飾られている

data
設計者 ——— 後藤鶴松
用途 ——— 配水塔
竣工年 ——— 1932年
所在地 ——— 茨城県水戸市
構造／階数 — 鉄筋コンクリート造／地上2階
＊1996年に国の登録有形文化財に登録

国立天文台 —— 8

見学時間…10:00〜17:00（入場は16:30まで）
休館…年末年始
見学無料

旧多摩聖蹟記念館 —— 16

見学時間…10:00〜16:00
休館…原則毎週月・水曜日（祝日の場合は翌日）、
　　　　年末年始、その他、臨時休館日
見学無料

国分寺教会 —— 20

見学や日曜礼拝の時間等の問い合わせは公式HP等
を参照

旧日立航空機株式会社変電所 —— 24

外観見学自由
内部は毎週水・日曜日の10:30〜16:00に公開
見学無料

ガスミュージアム —— 26

開館時間…10:00〜17:00
休館日…月曜（月曜日が祝日・振替休日の場合は翌日）、
　　　　年末年始
入館無料

自由学園 —— 30

一般公開のイベント時に見学可能。詳細は公式HP等
を参照

港区立郷土歴史館 —— 42

開館時間…9:00〜17:00
　　　　　　（土曜日は〜20:00、入場は閉館30分前まで）
休館…毎月第3木曜日（祝日等の場合は前日水曜日）、
　　　年末年始、特別整理期間
建物見学無料（常設・特別・企画展の観覧は有料）

高輪消防署二本榎出張所 —— 50

見学希望者にのみ内部を公開（要電話問合せ）
見学無料

ビヤホールライオン 銀座七丁目店
　　　—— 54

営業時間…11:30〜22:00（金・土曜日、祝前日は〜22:30）
定休日…なし

旧新橋停車場（鉄道歴史展示室）—— 60

開館時間…10:00〜17:00（入館は16:45まで）
休館日…月曜（月曜日が祝祭日の場合は翌日）、年末年始、
　　　　展示替え期間、設備点検時
入館無料

東京ステーションホテル —— 62

カフェやレストランなどの料飲施設は利用可。客室エ
リア内は宿泊者に限り行き来が可能。営業時間は店舗
により異なるので公式HP等を参照

東京ステーションギャラリー —— 62

開館時間…10:00〜18:00、金曜のみ10:00〜20:00
　　　　　　（入館は閉館30分前まで）
休館日…月曜日（祝日の場合は翌平日。ただし会期最終週、
　　　　ゴールデンウィーク・お盆期間中の月曜日は開館）、
　　　　年末年始、展示替期間
入館料…企画展による

KITTE（旧東京中央郵便局長室）—— 70

開館時間…11:00〜21:00（日曜・祝日11:00〜20:00）
休館日…1月1日および法定点検日
入館無料

日本橋 —— 78

見学自由

kudan house —— 84

会員制のため、見学・利用は要問合せ

学士会館 —— 90

かつては旧帝国大学出身者の倶楽部施設だったが現
在は一部を除き一般利用可。詳細は公式HPを参照

浅草駅 —— 96

駅に準ずる

亀の子束子西尾商店 —— 98

開店時間…9:00〜12:00、13:00〜17:00
定休日…土・日祝日（臨時休業日有り）

日本煉瓦製造株式会社旧煉瓦製造施設
　　　—— 110

開館時間…土・日9:00〜16:00（年末年始をのぞく）
入館無料
ホフマン輪窯6号窯は保存修理工事中のため内部の
見学不可

埼玉県立深谷商業高等学校記念館 —— 114

開館時間…日 10:00〜12:00、13:00〜15:00
（年末年始をのぞく。臨時休館有り）
入館無料

旧本庄商業銀行煉瓦倉庫 —— 118

＊多目的ホールとしての使用
開館時間…9:00〜19:00
休館日…12月29日〜1月3日
使用料…400円〜（1時間あたり）

旧秩父駅 —— 128

外観見学自由
内部はゴールデンウィーク期間、お盆期間などに開放
見学無料

文化創造アトリエ・アミーゴ —— 132

＊施設利用
開館時間…8:30〜22:30
休館日…12月29日〜1月3日
利用料…利用施設により異なる

旧石川組製糸西洋館 —— 138

開館日…年50日公開（詳細はHP等を参照）
開館時間…10:00〜16:00
入館料…200円

旧田中家住宅 —— 144

開館時間…9:30〜16:30（入館は16:00まで）
休館日…月曜日（祝日の場合は翌平日）、年末年始
入館料…210円

草加市立歴史民俗資料館 —— 150

開館時間…9:00〜16:30
休館日…月曜日（祝日の場合は翌日）、年末年始
入館無料

興風会館 —— 152

開館時間…9:30〜16:00
休館日…月曜日、第2木曜日、祝日、年末年始
見学無料

佐倉市立美術館 —— 156

開館時間…10:00〜18:00（入館は17:30まで）
休館日…月曜日（祝日の場合は翌日）、年末年始
入館無料（特別企画展は有料、企画展ごとに異なる）

大多喜町役場中庁舎 —— 158

開館時間…役場に準ずる
見学無料（見学希望は要連絡）

野島埼灯台 —— 170

開館時間…HP等を参照
休館日…荒天時
入館料…300円

日本郵船歴史博物館 —— 172

2023年4月より当面の間休館中

神奈川県立歴史博物館 —— 176

開館時間…9:30〜17:00（入館は16:30まで）
休館日…月曜日（祝日は除く）、年末年始、
資料整理休館日
入館料…300円（特別展は別途）

元町公園 —— 178

見学自由（建物の開館時間・休館日等は公式HP等を参照）

旧根岸競馬場一等馬見所 —— 180

外観見学自由

甚吉邸（旧渡辺甚吉邸） —— 182

定期で公開（予約制）。
詳細はICI総合センターのHPを参照

水戸市水道低区配水塔 —— 188

外観見学自由

詳細については各施設HP等をご確認ください

執筆協力 ——

工学院大学建築学部
大内田研究室ゼミ生

碇谷空乃　　　　　　　田所わかな
河内花純　　　　　　　外山萌花
齊藤寛大　　　　　　　仲 花乃子
嶋津朋宏　　　　　　　永岡辰一朗
鈴木翔大　　　　　　　茂木愛莉

大内田史郎　おおうちだ・しろう

工学院大学建築学部建築デザイン学科教授。1974年静岡県生まれ。1999年工学院大学大学院工学研究科修士課程修了、博士（工学）。1999～2014年東日本旅客鉄道（株）、2014～2020年工学院大学建築学部建築デザイン学科准教授、2020年から現職。（一社）DOCOMOMO Japan 理事、（一社）日本建築学会建築歴史・意匠委員会DOCOMOMO対応WG主査。著書に『東京建築遺産さんぽ』（エクスナレッジ）、『東京の名駅舎』（草思社）、共著に『建築学の広がり』（ユウブックス）がある

傍島利浩　そばじま・としひろ

1965年大阪生まれ。1991年より藤塚光政に師事。1996年よりフリーランス。建築、インテリア、プロダクト、アート、人物を中心とした雑誌、広告、竣工写真などの撮影を手がける。2006年、株式会社プンクトゥム設立。2016年、iPhone写真展「iSnap 4s+6」を六本木のANOTHER FUNCTIONにて開催

東京名建築さんぽ

2023年10月13日　初版第1刷発行

著　者　大内田史郎

発行者　三輪浩之

発行所　株式会社エクスナレッジ
〒106-0032 東京都港区六本木7-2-26
https://www.xknowledge.co.jp/

問い合わせ先　編集 Tel 03-3403-1381
　　　　　　　　　　Fax 03-3403-1345
　　　　　　　　　　info@xknowledge.co.jp
　　　　　　　　販売 Tel 03-3403-1321
　　　　　　　　　　Fax 03-3403-1829